BANKWIRTSCHAFTLICHE FORSCHUNGEN   BAND 59

Institut für Schweizerisches Bankwesen   Institut für Bankwirtschaft
der Universität Zürich   an der Hochschule St. Gallen

Macht und Moral der internationalen Kapitalanleger

von

Prof. Dr. Leo Schuster

VERLAG PAUL HAUPT BERN UND STUTTGART

CIP-Kurztitelaufnahme der Deutschen Bibliothek

Schuster, Leo:
Macht und Moral der internationalen Kapitalanleger / von Leo Schuster. – Bern, Stuttgart:
Haupt, 1980.
(Bankwirtschaftliche Forschungen; Bd. 59)
Ital. Ausg. u. d. T.: Schuster, Leo: Potere e morale degli investori internazionali.
ISBN 3-258-02905-9

Alle Rechte vorbehalten
Copyright © 1979 by Paul Haupt Berne
Printed in Switzerland

Geleitwort

Mit der Veröffentlichung dieser Schrift von Professor Dr. Leo Schuster, Direktor des Instituts für Bankwirtschaft an der Hochschule St. Gallen, möchten wir das Jubiläum des zehnjährigen Bestehens des Investmentfonds *EUROPROGRAMME* International Serie 1969 feiern.

Warum gerade wir ein Buch über internationales Investment unterstützen, ist offensichtlich: Unsere Gruppe ist mit ihren Investitionen in mehreren Ländern vertreten. Dass wir aber gerade eine Arbeit über Macht und Moral solcher Tätigkeiten fördern, bedarf einer kurzen Erklärung. In den letzten Jahren verbreitete sich die Forderung nach der Freiheit des Denkens und der Arbeit, nach der Verständigung zwischen den Völkern und Rassen und der menschlichen Solidarität, letztlich eine Forderung nach Betrachtung der Probleme in immer universellerem Sinne. Viele sind zudem davon überzeugt, Nationalismen und Sektierertum, die seit jeher die Welt spalteten, grösstenteils überwunden zu haben.

Alles das vollzieht sich tatsächlich, aber doch mehr auf abstrakter Ebene. Denn in Wirklichkeit zeichnet sich seltsamerweise in den letzten Jahren auf unserem Planeten eine Neigung ab, die verschiedenen Probleme aus ziemlich partikularistischer und nationalistischer Sicht zu betrachten; und das fast immer mit der gleichen Begründung: die Erfordernisse von Politik und Wirtschaft. Wenn hier auch nicht von Politik die Rede sein soll, so muss man hinsichtlich der Wirtschaft feststellen, dass die Visa in den Pässen, die Zollkontrollen, die Aufenthaltsverbote immer zahlreicher werden. Viele Arten von wirtschaftlichen Barrieren, ja regelrechte „Mauern", werden errichtet, hinter denen einige wirtschaftliche Tätigkeiten den Bürgern des Landes vorbehalten sind.

Immer unter Berufung auf wirtschaftliche Gründe werden von Staaten oder Staatenblocks protektionistische Gesetze erlassen, oftmals sehr scharfe Kontrollen der Wechselkurse und der Kapitalbewegungen eingeführt. So unmöglich es auch scheinen mag, es machen sich sogar autarkische Tendenzen in der Wirtschaft bemerkbar. Und das nicht nur in den ärmeren, sondern auch in den reichen und sehr reichen Ländern. Liegen die Beispiele so fern, dass ich sie hier aufzeigen muss?

Das Ganze findet immer eine Rechtfertigung aus wirtschaftlichen, wenn nicht aus moralischen Gründen.

Aber ist das alles richtig so?

Ist es wirklich zum Besten der Menschen?

Ist es zum Beispiel richtig, die auf internationaler Ebene arbeitenden Gesellschaften, die sogenannten Multinationalen, als die Sündenböcke für die Fehler der Regierungen und Völker anzuprangern?

Sind die Tätigkeiten derjenigen, die sich nicht damit zufrieden geben, nur in ihrem eigenen Land zu arbeiten, und die Grenzen überschreiten, aber auch darauf bedacht sind, ihre eigenen Ideen, ihre eigene Arbeit, ihre eigenen Kapitalien und ihre eigenen Erfahrungen einzubringen, tatsächlich derart unmoralisch?

Ist nicht vielmehr der Gedanke richtiger, dass der Mensch aus seinem langen Mittelalter heraus den letzten Schritt machen muss, um sich wirklich als Weltbürger zu fühlen, und dass die anderen ihm erlauben, es voll und ganz zu sein und ihn als solchen anerkennen? Kurzum: frei sein und sich frei fühlen.

Aber zur wirklichen Freiheit gehört die Freiheit auf wirtschaftlichem Gebiet, Freiheit zu arbeiten, wie und wo man will, mit der einzigen Beschränkung, die Freiheit und Arbeit seiner Mitmenschen zu respektieren.

Wegen der Bedeutung und Aktualität dieser Themen fanden wir es interessant, die Veröffentlichung des vorliegenden Bandes von Prof. Dr. Schuster zu fördern, welcher eben nicht nur die internationalen Investitionen, sondern auch deren Macht und Moralität behandelt, so dass sich der Leser ein dokumentiertes und objektives Urteil bilden kann.

Wir wissen schon, dass wir auf diesem Gebiet nicht objektiv sind, denn wenn es um die Wahl zwischen der Errichtung von Schranken, Mauern und Protektionismen oder deren Beseitigung geht, werden wir uns schon von vorneherein für die Freiheit und das Fallen von Barrieren und Grenzen, auch auf wirtschaftlichem Gebiet, entscheiden.

Dott. Ing. Orazio Bagnasco
Verwaltungsratspräsident
INTERPROGRAMME HOLDING

Vorwort

Wirtschaftliches Handeln wird heute immer mehr auch nach moralischen Normen beurteilt und bewertet. Der rein profit-orientierte und ausschliesslich machtbetonte Unternehmer- oder Managertyp gehört – soweit es ihn in dieser ausgeprägten Form gegeben hat – immer mehr der Vergangenheit an. Rücksichtnahme auf die Interessen von Staat und Gesellschaft, ökonomischer und ökologischer Umwelt, Arbeitnehmer und ihrer Vertreter prägen heute das aufgeklärte unternehmerische Verhalten. Dass je nach Art und Ausrichtung von Unternehmungen diesen Maximen nicht immer bzw. je nach Interessen- und Konjunkturlage unterschiedlich nachgelebt wird, stellt diese Bemerkung nicht grundsätzlich in Frage.

Bekanntlich wird vor allem den internationalen Kapitalenlegern – seien diese private oder institutionelle – vorgeworfen, sie nähmen es mit moralischen Grundsätzen nicht immer so genau bzw. sie würden durch die auf Geld und Kapital beruhende Macht rücksichtslos zur Verfolgung der eigenen, egoistischen Interessen einsetzen. Der Verfasser hat sich gerade dieses Themas in der vorliegenden Schrift angenommen und gleichzeitig einen vertiefenden und weiterführenden Beitrag zu der in der gleichen Schriftenreihe als Band 26 publizierten Schrift „Macht und Moral der Banken" leisten wollen.

Es liegt mir daran, Herrn lic. oec. Peter Kratz, St. Gallen, für seine wertvolle und umfangreiche Mitarbeit an diesem Buch zu danken.

Leo Schuster

Inhaltsverzeichnis

Zur Einführung:
Die internationale Kapitalanlage — Zankapfel im Widerstreit der Interessen 13

1 Macht und Moral im Widerspiel 15

11 Die Macht 15
   Staatliche Macht 16
   ... und private Macht 17

12 Die Moral 18

2 Macht und Moral in der Geschichte der internationalen Kapitalanlage 21

   Europa und seine Kolonien 21
   Im Wandel der Vorstellungen 23

3 Objekte der internationalen Kapitalanlage 25

31 Geldanlagen 25

32 Kapital- und Sachanlagen 27
   Das weite Feld von Obligationen und Aktien 27
   Besonderheiten der Sachanlage 29

4	Ziele der internationalen Kapitalanleger unter besonderer Berücksichtigung moralischer Aspekte	31
41	Optimierung von Rentabilität, Liquidität und Sicherheit als moralpolitisches Problem	31
	Die neue Bedeutung freier Wechselkurse	32
	Der Januskopf der Liquidität	33
42	Die Spekulation als Motiv für internationale Geld- und Kapitalanlagen	36
	Positiv: die Spekulation auf dem Markt	36
	Aber: die Crux der Devisenspekulation	37
43	Erschliessung neuer Märkte als Stimulus für internationale Kapitalanlagen	39
44	Internationale Arbeitsteilung als Anlass für grenzüberschreitende Kapitalanlagen	41
	Die Vielschichtigkeit der Standortfrage	41
	Auslagerung von Arbeitsplätzen – ein Problem	43
45	Erdölländer und das „Recycling"	45
	Der Ölschock – Auftakt zu einer neuen Weltordnung	46
	Die Ölscheichs als weltweite Anleger	47
5	Die internationalen Kapitalanleger im Lichte von Macht und Moral	51
51	Private Investoren – Moral ohne Macht	51
	Kapital- und Steuerflucht: ein heisses Eisen	52
	Ohne Grösse keine Macht	53
52	Banken und Finanzgesellschaften – zwischen beherrschender Machtfülle und moralischer Anfälligkeit	55
521	Die internationalen Aktivitäten der Geschäftsbanken	56
	Die Finanzpyramide des Euromarktes	56
	Geschäftsbanken regieren den Euromarkt	58

	Die Tücken langfristiger Kapitalanlagen	60
	Gentlemen's Agreements – in der Schweiz stete Realität	62
522	Die Notenbanken als internationale Kapitalanleger	63
	Das Ende von Bretton Woods und seine Folgen	64
	Notenbankkredite immer wichtiger	66
	Zinsen gerechtfertigt?	68
	Anlagen auf dem Euromarkt – ein Tabu?	70
523	Die Anlagefondsgesellschaften als internationale Kapitalvermittler	73
524	Die Finanzgesellschaften – internationale Transmissionsriemen zwischen Macht und Moral	75
53	Multinationale Unternehmungen: Im Kreuzfeuer der Kritik	78
	Der Zwang zur Macht	79
	Breite Angriffsflächen	81
54	Supranationale Organisationen	82
	„Weltgewissen" Weltbank	82
	Die EG: Kapitalhilfe für ein freies Europa	84
6	Besondere Aspekte der internationalen Kapitalanlage in ihrer aktuellen Brisanz	87
61	Die Bedeutung der internationalen Kapitalanlage für den Nord-Süd-Dialog	88
	Staatliche Kapitalhilfe als Basis	89
	Klaffende Lücke zwischen Anspruch und Wirklichkeit	90
	Vom Kredit zum Geschenk	92
	Starker Aufschwung privater Kapitalanlagen	93
	Direktinvestitionen zwischen gut und böse	96
	Streitpunkt „Multis"	97
62	Kapitalanlage zwischen Ost und West	100
	Westliches Kapital – für den Osten unverzichtbar	101
	Kapital und Politik	104
	Kapital: Instrument zur Erringung von Macht	106

63 Die Rolle der Schweiz in der internationalen Kapitalanlage .. 108
631 Die Schweiz – von ausländischem Kapital überflutet 109
    Moralisch nicht immer einwandfrei 110
    Schlechte Zeiten für dunkle Geschäfte 112
    Die Gefahr der kapitalmässigen Überfremdung 113
632 Die Schweiz – Kapitalmacht auf ausländischen Märkten 114
    Auslandsinvestitionen als Notwendigkeit 116
    Die Schweiz und die Dritte Welt 117

Anstelle eines Schlusswortes:
Internationale Investitionen – Ein Fortschritt für den Frieden ... 119

Zur Einführung:
Die internationale Kapitalanlage – Zankapfel im Widerstreit der Interessen

Seitdem Geld die Welt regiert – und damit lässt sich bereits ein tiefer Schritt in die Geschichte der Menschheit machen –, will Kapital angelegt sein und Ertrag bringen. Diese alte Weisheit, die sich in immer neuen Wandlungen offenbart hat, machte auch vor den nationalen Grenzen nicht halt. So wie Güter und Dienstleistungen die Staatsgrenzen überqueren, so fliesst heute auch das Kapital in globalen Bezügen, durch die unterschiedlichsten Kanäle weltweit einsetzbar. Während sich die Kapitalanlage noch vor wenigen Jahrzehnten weitgehend auf die jeweiligen nationalen Territorien beschränkte, ist sie in unseren Tagen zu einem weltweiten Phänomen geworden. Nur ein Unterschied besteht zum Gestern: Der kleine Anleger ist nach wie vor auf Objekte im engeren Kreise seines Heimatstaates angewiesen – so jedenfalls die Regel.

Mit dem Kapital und seiner Anlage sind seit jeher aber auch die Vorstellungen von Macht und Moral auf das Engste verknüpft. Wurde früher Kapital eingesetzt, um im nationalen Bereich Machtansprüche durchzusetzen, so gilt dieselbe Aussage heute auch für die internationale Anlage: Staaten machen Kapitalzuwendungen, um andere Staaten zur Unterstützung ihres politischen Kurses zu bewegen. Im Zuge privater Direktinvestitionen werden Produktionsstätten aus den Industrieländern in die Dritte Welt verlegt, um den Forderungen der Gewerkschaften nach höheren Löhnen entgehen zu können. Die moralische Komponente taucht ebenfalls an den vielfältigsten Punkten wieder auf: Als Spekulationswellen überschwemmen Milliardenbeträge einzelne Staaten, um durch die machtvolle Durchsetzung volkswirtschaftlich nicht gerechtfertigter Wechselkursänderungen auf Kosten der Allgemeinheit Spekulationsgewinne einstecken zu können. Privatleute bringen ihr Vermögen in Steueroasen wie Liechtenstein oder verschiedene Inseln der Karibik, um es vor dem Zugriff des heimischen Fiskus – oft unter

Verletzung der Gesetze – in Sicherheit zu bringen – unter dem Stichwort „Steuerflucht" ein übliches Vorgehen.

Wenn also die internationale Kapitalanlage in unseren Zeiten immer grössere Bedeutung erlangt, immer mehr Bereiche des weltwirtschaftlichen Geschehens von ihr erfasst werden: Warum sollte dann nicht der Versuch unternommen werden, die diversen Aspekte der internationalen Kapitalanlage zu beleuchten und die Frage zu stellen nach der *Macht und Moral der internationalen Kapitalanleger?*

Wir wollen in diesem Buch den Versuch wagen. Es dürfte indes nicht möglich sein, ein wirklich vollständiges Bild über Situation und Verhalten der internationalen Kapitalanleger zeichnen zu können. Wir wollen aber Tendenzen aufzeigen, Grundlinien darlegen, erste Feststellungen treffen. Es muss anschliessend dem Leser überlassen bleiben, wie er im alltäglichen Umgang mit der internationalen Kapitalanlage die ihm dabei begegnenden Besonderheiten im Lichte von Macht und Moral werten will.

1 Macht und Moral im Widerspiel

Es dürfte kaum je möglich sein, auch nur für einen der beiden Begriffe Macht und Moral eine einheitliche Definition festzulegen. Beider Inhalt kreuzt sich mit weiteren abstrakten Vorstellungen wie Herrschaft und Recht oder Ethik und Sittlichkeit, und sie lassen sich von den unterschiedlichsten Positionen politischer, ökonomischer oder sozialer Prägung angehen.

11 Die Macht

Macht ist eine besondere Form der Gewalt, welche die Beherrschung von Staaten, Menschen oder Gütern ermöglicht. Daher verfügt die Macht über eine andere Qualität als die Autorität, da letztere in aller Regel trotz ihrer Geltung und ihres Einflusses auf religiösem, wissenschaftlichem und auch politischem Gebiet nicht mit einem permanenten Instrument der Durchsetzung verbunden ist. Die Macht hingegen ist dadurch gekennzeichnet, dass sie ständig und daher auch dann gegenwärtig ist, wenn von ihr kein direkter Gebrauch gemacht wird. Um mit Max Weber zu sprechen, bedeutet Macht also die Chance, innerhalb eines sozialen Gefüges den eigenen Willen auch gegen Widerstrebende durchzusetzen und dergestalt Herrschaft und Abhängigkeit zu begründen.

Macht ist gekennzeichnet durch die Bestimmungsfaktoren Machtbasis, verstanden als die Gesamtheit der Potentiale und Ressourcen, Machtmittel als die Einflussparameter und Machtbereich, der sich als Summe aller Einflussmöglichkeiten ausdrückt. Ihr Zusammenspiel bewirkt die Machtfülle, die nur durch die Gegenmacht der Marktgegenseite eine Begrenzung findet. In der so charakterisierten Dimension steht die Macht in latenter Spannung zum Recht, ohne per se Unrecht zu sein. Doch selbst wenn sie dem Rechte genügt, mag sie an moralischen Grundsätzen scheitern.

Staatliche Macht
Die Machtausübung von Staaten anderen gegenüber findet ihren schärfsten Ausdruck in der militärischen Aktion. Häufig damit verbunden war und ist die wirtschaftliche Ausbeutung des „kontrollierten" Staates. So hatten bereits den Athenern unterworfene Staatsgemeinschaften erhebliche Tribute zu entrichten, und noch bis in jüngster Zeit bedeuteten die afrikanischen Kolonien Angola und Mozambique für das Mutterland Portugal eine wesentliche Stütze des nationalen Wohlstandes. Es ist indes keineswegs stets militärische Unterdrückung notwendig, um wirtschaftliche Macht zu gewinnen; in jüngerer Zeit mehren sich vielmehr die Versuche in umgekehrter Richtung, durch wirtschaftliche Einflussnahme militärische Machtpositionen oder rein politischen Einfluss zu erringen: Als letzte Massnahme zu solchem Zwecke seien die Milliardenbeträge genannt, die die USA an Ägypten und Israel entrichten, um zwischen beiden Staaten einen Friedensvertrag zu bewirken.

Während militärische Interventionen meist leicht erkennbar sind, verbleiben nichtmilitärische Einflussnahmen im internationalen Raum häufig im Halbdunkel. Dies ist nicht zuletzt darauf zurückzuführen, dass wirtschaftliche Machtausübung gegenüber anderen Staaten oft gar nicht von Regierungen ausgeht, sondern durch staatlich kontrollierte oder geförderte Unternehmen erfolgt. Doch auch derartige Praktiken gelangen immer häufiger an die Öffentlichkeit und werden dort zum Teil scharf angegriffen.

Als Formen staatlicher bzw. staatlich kontrollierter Machtausübung in fremden Volkswirtschaften kommen abgesehen von der totalen wirtschaftlichen – und zugleich auch politischen – Unterdrückung in erster Linie Direktinvestitionen in Frage, die eine weitgehende Kontrolle über die entsprechenden Unternehmen gewährleisten. So dienten z. B. staatlich beherrschte Mineralölkonzerne bis in die frühen siebziger Jahre dazu, durch direkte Herrschaft über die Ölfelder die Erdölversorgung sicherzustellen. Kleinere Kapitalbeteiligungen sind demgegenüber unter machtpolitischen Aspekten praktisch zu vernachlässigen.

... und private Macht

Privatunternehmen vermögen auf internationaler Ebene heutzutage nur noch im rein wirtschaftlichen Sektor Macht auszuüben. Damit hat sich die Situation gegenüber früheren Jahrhunderten, als die sogenannten „Kolonialgesellschaften" — man denke beispielsweise an die diversen „Ostindischen Handels-Kompanien" — quasi Staat im Staate waren, grundlegend geändert. Politische Einflussnahmen erfolgen praktisch nur noch auf indirektem Wege und zwar nicht zuletzt in Form von Korruption. Als Stichworte mögen die Schmiergeldzahlungen des US-Flugzeugherstellers Lockheed und die weitaus tiefgreifenderen Aktionen des ITT-Konzerns in Chile genügen.

Während auf wirtschaftspolitischem Gebiet die Meinungen über Rechtmässigkeit und Vertretbarkeit von Marktbeeinflussung bzw. Marktbeherrschung durch international tätige Industrie- und Handelsunternehmen — in einem weit gefassten Begriff als „Multis" bezeichnet — auseinandergehen, wird die Korruption in allen Bereichen, in politischen wie wirtschaftlichen, nahezu einhellig verpönt.

Während also mit der Idee der multinationalen Unternehmung der Machtgedanke — über eine Oligopolisierung oder Monopolisierung der internationalen Märkte mit den sich daraus ergebenden Konsequenzen im politischen, sozialen und ökonomischen Bereich — definitionsgemäss impliziert wird, kommt es für die moralische Verhaltensbewertung auf die Art der Machtausübung an. Nur sofern sie missbräuchlicher Natur ist, gerät sie in das Schussfeld moralisch motivierter Kritik.

Eine besondere Stellung in den Diskussionen über grenzüberschreitende Machtausübung nahmen stets die Banken ein. In jüngerer Zeit wird indes kaum mehr bestritten, dass die Banken nur in ihrem ureigenen Sektor, dem des Geld- und Kapitalverkehrs sowie in Ausnahmefällen in der Finanzierung marktbeherrschender Industrien tätig sind. Anders gelagerte, in nennenswertem Umfang verfolgte Ambitionen wirtschaftlicher wie insbesondere politischer Art werden den Banken nicht mehr zugeschrieben.

Von international operierenden Investmentfonds und ähnlichen Institutionen geht trotz ihrer oft beträchtlichen Grösse im Ergebnis keine Macht aus, und zwar schon deshalb nicht, weil ihre Statuten eine Konzentration des anzulegenden Kapitals in einem bestimmten Land oder in einer einzelnen Gesellschaft in aller Regel von vorneherein ausschliessen. Ähnlich verhält es sich hinsichtlich der Privatinvestoren, die nur selten über Kapital in einer Grössenordnung verfügen, welche eine fühlbare Einflussnahme auf die wirtschaftlichen oder politischen Verhältnisse anderer Länder ermöglichen.

12　Die Moral

Vielfältiger noch als selbst die zahlreichen Definitionen und Einordnungsversuche von Macht sind jene des Begriffes Moral. Generell soll unter Moral die Summe von Massregeln verstanden werden, die ein Wohlverhalten verbindlich und in bestimmter Form vorschreiben. Diese Verhaltensregeln, die als gesellschaftliche, also soziale Normen zu verstehen sind, haben sich regelmässig über einen längeren Zeitraum hinweg entwickelt und von daher für das soziale Ordnungsgefüge einen bindenden Wert angenommen.

Unter soziologischen Aspekten verankert die Moral ein System von Werten und Normen, das im breiten Spektrum von Gut und Böse eine Einstufung menschlicher Handlungen und Unterlassungen ermöglicht. Die Ansichten darüber, was als gut und was als böse angesehen werden soll, sind indes keineswegs einheitlich, sondern vielfach heftig umstritten. Die Begründung für solchen Meinungsstreit ergibt sich aus dem Verständnis der Moral als des ethischen, sittlichen Selbstverständnisses einer kulturellen Gemeinschaft von Menschen. Moral ist gewachsenes Kulturgut und als solches auf die spezifischen Eigenheiten der sie bestimmenden Gruppierung ausgerichtet und mit dieser wandelbar. Von daher muss auch die Trennung zwischen Moral und Recht gesehen werden. Das Recht lässt sich verstehen als das „moralische Minimum", als nämlich erst die Moral den Grund für die Gültigkeit des Rechts abgibt, weil die Ermöglichung der Moral ein entscheidendes Ziel jeder Rechtsordnung ist. Moralische Pflicht ist Pflicht schlechthin; ihr steht kein Berechtigter gegenüber. Daher unterliegen die moralischen Normen auch nicht der staatlichen Sanktion; ihre Durchsetzung lässt sich nur durch gesellschaftlichen Druck erreichen.

Während sich die grundlegenden moralischen Normen, also die sogenannten sittlichen Konstanten wie z. B. die Ablehnung von Mord, Raub und Diebstahl praktisch unverändert und für alle Kulturgemeinschaften in ähnlicher oder derselben Weise darstellen, sind spezifisch wirtschaftliche Normen, wie in ihrer grundsätzlichsten Form die Einstellung zu

Arbeit und Kapital, von Generation zu Generation, von Volk zu Volk und besonders unter dem sich ablösenden politischen System einem stetigen Wandel unterworfen. Diese Unterschiedlichkeit ist nicht zuletzt Folge der Einflüsse, denen der Entwicklungsprozess eines moralischen Bewusstseins ausgesetzt ist. Die von Kulturgemeinschaft zu Kulturgemeinschaft wechselnden sozialen, politischen, religiösen und ökonomischen Bedingungen lassen den Gedanken an eine einzige, alleinumfassende Moral als Magie erscheinen. Dies gilt um so mehr, als die genannten Bedingungen selbst wieder in Abhängigkeit stehen zum Zeitablauf und zu der jeweils erreichten Kulturstufe.

Der unablässige Wandel in den moralischen Anschauungen verleiht dem Widerspiel von Macht und Moral im wirtschaftlichen Feld eine stete Dynamik. In Anbetracht eines historisch vorgegebenen Wirtschaftssystems streben die einen mehr nach Erhaltung und die andern zum Wandel, zum Teil auch zum Umsturz durch „Systemveränderung". Beide Seiten bedienen sich in diesem Widerstreit der Moral als Argument. Dies hat zur Folge, dass die moralischen Bewertungen der einen von den andern als unmoralisch empfunden werden, was ausdrücklicher Beweis dafür ist, dass es mehr als eine Moral geben muss. In diesen Konflikt integriert sich auch die unterschiedliche Anschauung von Macht. Für die eine Seite ist sie in ihrer moralischen Bewertung ein „Ding des Teufels", für die Gegenseite erfährt Macht eine umfassende moralische Rechtfertigung.

Diese Antagonismen legen es nahe, den Begriff der Moral in seinem ökonomischen Gehalt so allgemein zu fassen, dass er sowohl in zeitlicher als auch in sachlicher Hinsicht als Richtschnur für wirtschaftliches Wohlverhalten Bestand hat. Demnach wäre wirtschaftliches Tun und Unterlassen so auszugestalten, dass zum einen die Menschenwürde als oberster Wert anerkannt und zum anderen die bewusste und unzulässige Schädigung anderer Personen oder auch Institutionen wie namentlich des Staates unterlassen wird.

2 Macht und Moral in der Geschichte der internationalen Kapitalanlage

Macht und Moral im wirtschaftlichen Geschehen haben in den vergangenen Jahrhunderten sehr unterschiedliche Bewertungen gefunden und zwar sowohl in ihrer theoretischen Durchleuchtung als auch in der praktischen Ausgestaltung der Wirtschaftsbeziehungen. Will man versuchen, eine Tendenz aufzuzeigen, so scheint die Behauptung gerechtfertigt, dass in der historischen Entwicklung ein sukzessiver Machtabbau zu verzeichnen ist, der eine gewisse Parallelität zum allmählichen Bedeutungsgewinn moralischer Gesichtspunkte aufweist. Inwieweit heute im Blick auf die multinationalen Unternehmungen trotz eines an moralischen Prinzipien orientierten Verhaltenskodexes die Heranbildung neuartiger, weltumspannender Machtstrukturen durch private Institutionen vollzogen wird, kann aus aktueller Sicht nicht entschieden werden; die Antwort auf diese Frage kann erst aus der historischen Distanz gegeben werden.

Europa und seine Kolonien
Die Ausnutzung der Macht galt in der Vergangenheit als nahezu selbstverständliches und legitimes Mittel zur Gewinnung und Durchsetzung wirtschaftlicher Vorherrschaft. Diese geistige Grundhaltung war nicht zuletzt eine entscheidende Voraussetzung für die globale Errichtung eines Netzes von Kolonien durch die europäischen Mächte. Diese Entwicklung, die mit der Entdeckung Amerikas 1492 und der Auffindung des Seeweges nach Ostindien nur sechs Jahre später ihren Anfang nahm und ihren Höhepunkt im „Zeitalter des Imperialismus" im letzten Drittel des 19. Jahrhunderts fand, folgte einem eng ineinander verwobenen Streben nach politischer wie nach wirtschaftlicher Macht. Die Kolonien bildeten für die Mutterländer häufig über Jahrhunderte hinweg die entscheidende Grundlegung des Wohlstandes. Wie stark die

politischen und wirtschaftlichen Machtinteressen ineinanderspielten, zeigt das Beispiel des britischen Wirtschaftsführers und Staatsmannes Cecil Rhodes: 1889 gründete er die Britisch-Südafrikanische Gesellschaft, die im Anschluss das Territorium des heutigen Rhodesiens eroberte und in Besitz nahm. Damit war dieses Gebiet einerseits der politischen Herrschaft durch die britische Krone unterstellt, und andererseits wurden der Gesellschaft alle erforderlichen Privilegien verliehen, damit diese das Land quasi wie eine Staatsmacht zu ihrem eigenen, ausschliesslichen Nutzen wirtschaftlich ausbeuten konnte. Während dazumal also der Erwerb von überseeischen Besitzungen und damit auch die Kapitalanlage in diesen Territorien als in höchstem Masse erstrebenswert angesehen wurde – eine Einstellung, die in ihrer Radikalität den Aspekt der Moral völlig in den Hintergrund drängte –, wird heute die Herrschaft über fremde Völker und deren wirtschaftliche Ausbeutung zu Recht als makelhaft und unmoralisch disqualifiziert.

Hiermit hat sich auch das Verständnis des internationalen Kapitalanlegers gegenüber den ehemaligen Kolonialgebieten gewandelt. Die Kapitalanlage kann heute nicht mehr einseitig zum Nutzen des Kapitalgebers ausgestaltet werden. Zwischen dem Bestreben des Kapitalanlegers, einen angemessenen wirtschaftlichen Erfolg zu erzielen, und dem einsichtigen Wunsch der Empfängerländer, dieses Kapital in den Aufbau einer eigenen, tragfähigen Wirtschaft zu investieren, ist ein beiden Parteien Rechnung tragender Kompromiss zu schliessen. Diese Problematik findet ihren besonderen Niederschlag in den Direktinvestitionen multinationaler Unternehmungen in Entwicklungsländern. Da diese latent die Gefahr neuerlicher wirtschaftlicher Abhängigkeit und Ausbeutung bergen, sind sie im Bemühen um eine neue Weltwirtschaftsordnung zu einem gewichtigen Punkt des Meinungsstreites geworden. Es bleibt zu hoffen, dass sich hinsichtlich dieser Form der Kapitalanlage eine moralischen Ansprüchen genügende Lösung wird finden lassen.

Seit Ende des Zweiten Weltkrieges bis heute wurde der Prozess der Entkolonialisierung weitgehend abgeschlossen. Abgesehen von wenigen Kleinstterritorien, die sich unter der Obhut ihrer Mutterländer nicht zuletzt aus wirtschaftlichen Gründen durchaus wohlfühlen, wurde in den letzten Jahrzehnten sämtlichen Kolonialgebieten die politische wie auch die wirtschaftliche Unabhängigkeit zurückgegeben. Diese Aufgabe von Herrschaft und Macht geschah selbst dann, wenn die Unabhängigkeit der ehemaligen Kolonien für die Mutterländer mit erheblichen ökonomischen Einbussen verbunden war. Die Infrastruktur, die mit dem Kapital der Kolonialmächte geschaffen worden war, musste ersatzlos zurückgelassen werden. Auch verband sich die Unabhängigkeit der Kolonien allzu oft rasch mit weitreichenden Nationalisierungsmassnahmen, denen häufig bevorzugt private, im Besitze von Bürgern der Kolonialmächte stehende Kapitalanlagen zum Opfer fielen. Die Kapitalanleger in den neu gebildeten Staaten unterstanden von einem Tag zum andern einer neuen, fremden Hoheitsgewalt und verloren so, des Schutzes durch die alte Kolonialmacht beraubt, einen Grossteil der früher innegehabten Machtposition.

Diese Einbussen hinderten die westlichen Industriestaaten jedoch keineswegs, den souverän gewordenen Staaten noch zusätzlich Finanzbeihilfen zu gewähren, damit sie den Abzug der ehemaligen Kolonialmächte besser verkraften konnten und zudem die Möglichkeit erhielten, ihre eigenen wirtschaftlichen Vorstellungen in die Tat umzusetzen, insbesondere die Industrialisierung einzuleiten. Zu diesem Zwecke wurden neben bilateralen Hilfen sogar eigens speziell vom Westen finanzierte internationale Hilfsorganisationen gegründet, so namentlich die Weltbank. Zu denken ist in diesem Zusammenhang auch an das Abkommen von Lomé vom 28. Februar 1975, in dem sich die Europäische Gemeinschaft gegenüber über 57 Staaten Afrikas, der Karibik und der Pazifik-Region, den sogenannten AKP-Staaten, unter anderem auch zu umfangreichen Kapitalleistungen verpflichtete.

Im Wandel der Vorstellungen
Während es in der Vergangenheit — wie erwähnt — als Selbstverständlichkeit galt, das gesamte staatliche Instrumentarium zur Gewinnung politischer und wirtschaftlicher Macht im internationalen Bereich einzusetzen, ist in der jüngeren Vergangenheit festzustellen, dass solche Bestrebungen nicht länger als erfolgreich, ehrenhaft und womöglich moralisch eingestuft werden. Das Verständnis von Macht und Moral in den internationalen Wirtschaftsbeziehungen hat sich insoweit grundsätzlich gewandelt. Dieser Tatsache wurde wohl am deutlichsten anlässlich der massiven Preiserhöhungen für Erdöl im Jahre 1973 Ausdruck verliehen, welche die internationalen Wirtschaftsbeziehungen in der westlichen Welt an den Rand einer Krise gebracht haben. Statt Kriegsschiffe zu schicken, wurde dem Verlangen nach einer ungeheuren Neuverteilung finanzieller Ressourcen nachgegeben. Seitens der westlichen Industrie-

staaten wurde auf Machtausübung verzichtet; ob solche Enthaltsamkeit jedoch unbedingt mit Moral gleichzusetzen ist, mag hier offenbleiben.

Als Ergebnis des aufgezeigten Entwicklungsprozesses scheint sich die Erkenntnis durchzusetzen, dass Gewalt in irgendeiner Form Gegengewalt auslöst, dass Macht Gegenmacht provoziert. Dieses neue Wissen findet seinen Ausdruck in der Forderung nach einem Gleichgewicht der Kräfte, mit dessen Hilfe der Anwendung von Gewalt Grenzen gesetzt werden soll. Die klassische Vorstellung einer „balance of power" wird in neuer Perspektive deutlich erkennbar. Machtausübung ist unter derart geänderten Bedingungen mit wachsenden Risiken verbunden, und an die Stelle von Macht durch Gewalt tritt das moralische Verantwortungsbewusstsein: Im Fazit mag diese erfreuliche Entwicklung einerseits einem gesteigerten moralischen Bewusstsein der politisch Verantwortlichen zuzuschreiben sein. Andererseits ist sie ohne Zweifel auch die Folge veränderter machtpolitischer Verhältnisse.

3 Objekte der internationalen Kapitalanlage

Um den einzelnen Formen der internationalen Kapitalanlage unter den Aspekten von Macht und Moral eine angemessene Bewertung zukommen zu lassen, ist eine primäre Unterscheidung zu treffen zwischen Anlagen kurzfristigen und solchen langfristigen Charakters.

31 Geldanlagen

Unter Geldanlagen im Ausland sind in erster Linie die Vergabe von Krediten und der Erwerb von Wertpapieren zu verstehen, insoweit hierbei die kurzfristigen Zinsdifferenzen zwischen dem nationalen und dem internationalen Zinsniveau im Vordergrund stehen. Zu dieser Kategorie der Anlagen zählen insbesondere Sichtgelder, Euro-Gelder, Obligationen mit ausgeprägt kurzer Restlaufzeit, Zertifikate bestimmter Auslandfonds, Exportkredite und ähnliche innert relativ kurzer Frist rückzahlbare bzw. auflösbare Engagements in eigener oder fremder Währung, soweit damit Forderungen gegenüber im Ausland domizilierten Schuldnern begründet werden.

Die Ausübung von Macht, soweit sie überhaupt mit solchen Anlagen verbunden werden kann, ist in ihrem Wirkungsgrad im allgemeinen als gering einzustufen, weil die Kurzfristigkeit der Kapitalbindung in aller Regel nur ein Streben nach möglichst hoher Verzinsung zulässt. Jedoch kann auch mittels der kurzfristigen Geldanlage ein erhebliches Machtpotential ausgespielt werden, und zwar dann, wenn liquides Kapital in starkem Masse zum Zwecke der Währungsspekulation verwandt wird. Man erinnere sich insoweit der seit Ende der sechziger Jahre anhaltenden Spekulation gegen den Dollar und damit verbunden des Runs in die Hartwährungen wie Deutsche Mark, Yen und Schweizerfranken. Diese

Gelder, die beispielsweise die Deutsche Bundesbank an vereinzelten Tagen heftigster Spekulation zur Hereinnahme von Dollars in Milliardenhöhe zwang, hatten in ihrem überwiegenden Teil blossen kurzfristigen Charakter und flossen daher, sobald das Spekulationsziel durch Ab- bzw. Aufwertung der betroffenen Währungen erreicht war, unter Mitnahme der Währungsgewinne aus den Anlageländern wieder ab. Die Macht solcher massiv eingesetzter, kurzfristiger Spekulationsanlagen ist also so gross, dass selbst wirtschaftlich machtvolle Staaten zu bestimmten währungspolitischen Handlungsweisen gezwungen werden können, unter Einbezug aller Nebenwirkungen, die sich hieraus für die autonome staatliche Geld-, Konjunktur- und Aussenwirtschaftspolitik ergeben können. Damit verbunden stellt sich jedoch auch sofort die Frage nach der Moral solcher Druckausübungen, die für die betroffenen Volkswirtschaften zum Teil erhebliche Verluste erzeugen.

Einen Sonderfall stellen Notenbankkredite dar, die in den letzten Jahren recht häufig an ausländische Regierungen und Notenbanken zur Überbrückung von Schwierigkeiten im Zahlungsbilanzausgleich gewährt wurden. In denselben Komplex gehören auch Spezialkredite des Internationalen Währungsfonds wie z. B. die sogenannte Witteveen-Fazilitäten oder die besonderen Ölfazilitäten für von den Erdölpreiserhöhungen besonders stark getroffene Entwicklungsländer, nicht hingegen Sonderziehungsrechte, die von der gleichen Institution herausgegeben werden, jedoch aufgrund der IWF-Statuten weder verzinslich noch rückzahlbar sind.

Zwischenstaatliche Währungskredite wie auch Spezialkredite des Internationalen Währungsfonds werden nicht selten mit mehr oder minder gewichtigen wirtschafts- und währungspolitischen Auflagen verbunden, die zweifellos einen massiven Eingriff in die autonome Entscheidungsgewalt der nationalen Wirtschafts- und Währungsbehörden darstellen. In jüngerer Zeit sind darüber hinaus sogar Sicherstellungen bilateraler Kredite durch Verpfändung von Währungsgold vereinbart worden – eine angesichts der stetigen Steigerung des Goldpreises und damit der Bedeutung des Währungsgoldes für die internationale Reservestellung sehr nützliche Massnahme. Die Leistung derartiger Sicherheiten hatte für die innenpolitische Durchsetzung der notwendigen wirtschaftspolitischen Sanierungsmassnahmen in der Vergangenheit schon deshalb Erfolg gezeitigt, da sich keine Regierung dem Vorwurf aussetzen wollte, nationale Goldreserven gleichsam zu verschleudern. Durch Mithilfe der wirtschafts- und währungspolitischen Auflagen sollten und sollen die Schuldnerländer veranlasst werden, für Bedingungen zu sorgen, die es ihnen ermöglichen, die aufgenommenen Kredite nicht nur termingerecht, sondern nach Möglichkeit sogar vorzeitig zurückzubezahlen. Selbstverständlich können diese Auflagen nur als Folge einer bestimmten Machtposition der Geberländer verstanden werden. Diese Nutzung von Macht, die sich aus dem Zwang des Schuldnerlandes herleitet, einen internationalen Bankrott abzuwenden, widerspricht moralischen Grundsätzen nicht. Da die Schuldnerländer integrierter Bestandteil des weltwirtschaftlichen Geflechts von güter- und kapitalmässigen Beziehungen sind, besteht ein gerechtfertigtes Interesse daran, dass diese Länder ihre Zahlungsfähigkeit bewahren. Sofern sie dann aber aus eigener Kraft nicht in der Lage sind, die notwendigen Sanierungsmassnahmen an die Hand zu nehmen, trotzdem aber um Hilfsmassnahmen nachsuchen wollen, ist es das gute Recht der internationalen Kapitalgeber, angemessenen Einfluss auszuüben, damit sie nicht in ein „Fass ohne Boden" hineininvestieren.

32 Kapital- und Sachanlagen

Bei den Kapitalanlagen im engeren Sinne ist, da ihnen unter den Aspekten von Machtausübung und Moral unterschiedlicher Stellenwert zukommt, grundsätzlich zu unterscheiden zwischen langfristig rückzahlbaren Obligationen und Aktien.

Das weite Feld von Obligationen und Aktien
Für langfristige Obligationen sind in aller Regel wie bei Geldanlagen feste Zinsen und ein klarer Modus für die Rückzahlungen vereinbart. Jedoch ist häufig lange vor dem vereinbarten Tilgungstermin voraussehbar, dass das durch die Emission aufgebrachte Kapital für den Schuldner von unverzichtbarer Notwendigkeit ist und deshalb eine Rückzahlung praktisch nicht erfolgen wird. Diese Problematik gilt in besonders starkem Masse bei Obligationen, die von Staaten zum Zwecke der Budgetfinanzierung oder im Interesse eines die Wechselkurssituation stabilisierenden Zahlungsbilanzausgleichs aufgenommen werden. In diesen Fällen sucht der Schuldner erfahrungsgemäss um eine Prolongation nach. Jedoch begnügt er sich in der Mehrzahl der Fälle nicht mit der

blossen Wiederaufnahme von Kapital in Höhe der fälligen Schuldverpflichtung, sondern nimmt zumeist noch eine Aufstockung des Schuldbetrages vor. Grundsätzlich erleidet der Gläubiger durch solche Formen der Schulderstreckung keine Nachteile. Nach wie vor ist der Schuldner zur jährlichen Zinsleistung wie auch zur abschliessenden Schuldtilgung verpflichtet.

Bedenken sind nur dann anzumelden, wenn der Schuldner offensichtlich am Rande der Zahlungsunfähigkeit steht. Dann sind seitens der Gläubiger Massnahmen zu fordern, die eine Sicherstellung der Zahlungsbereitschaft zur Folge haben. In diesen Situationen sind wirtschaftspolitische Auflagen nicht selten, so dass die Kapitalgeber in der Tat machtpolitischen Einfluss auf die kreditnehmenden Staaten ausüben. Diese machtbezogene Komponente zeigt sich ganz besonders dann, wenn die drohende Zahlungsunfähigkeit von Staaten im internationalen Raum so weit reicht, dass unter Umständen massive Restriktionen bei dem Import von lebenswichtigen Gütern, den sogenannten „essentials", ergriffen werden müssen.

Hinsichtlich des Erwerbs von Aktien geht es zum einen um Akquisitionen bescheidenen Umfanges, die im Hinblick auf Dividenden- und Kurssteigerungserwartungen durchgeführt werden. Es liegt also der typische Fall von internationalen Portfolio-Investitionen vor. Ob nun aber mit dieser Zielsetzung Aktien durch Privatpersonen oder Investmentgesellschaften gekauft werden, spielt mit Blick auf das Problem der Machtausübung nur eine sehr geringe, häufig auch gar keine Rolle, zumal viele Investmentgesellschaften aufgrund statutarischer Verpflichtung von einzelnen Titeln nicht mehr als einen bestimmten, zumeist sehr niedrig gehaltenen Prozentsatz in ihr Portefeuille aufnehmen.

Zum andern werden aber auch – im internationalen wie im nationalen Bereich – ganze Aktienpakete aufgekauft oder sogar hundertprozentige Übernahmen vollzogen, wobei dann natürlich nicht nur Renditeerwägungen, sondern auch das Streben nach Wettbewerbsvorteilen und Marktmacht im Vordergrund der Erwägung stehen. In die gleiche Kategorie fällt auch die Übernahme oder Gründung von Unternehmen, die nicht in aktienrechtlicher Form errichtet wurden. Solchen Beteiligungen an Unternehmungen bzw. Gründungen von Tochtergesellschaften kommt angesichts der wachsenden internationalen Wirtschaftsverflechtung ein immer stärkeres Gewicht zu. Über derartige Direktinvestitionen werden nämlich international operierende Unternehmungen in die Lage versetzt, im Ausland durch eigene, in der Regel rechtlich selbständige Konzernglieder vertreten zu sein. Sie stehen damit in den Auslandsmärkten selbst und müssen sich nicht erst von ausserhalb Zugang verschaffen. Als wesentliche moderne Form der Auslandsinvestition ist dabei auch das sogenannte „joint venture" zu nennen, bei dem zwei oder mehrere eigenständige Unternehmungen zu ganz bestimmten Zwecken im Ausland eine gemeinsame Tochtergesellschaft errichten.

Besonderheiten der Sachanlage
Im Gegensatz zu den Kapitalanlagen im engeren Sinne betreffen Sachanlagen den Erwerb von Grundstücken und Gebäuden aller Art. Bei den Grundstücken mag es sich um den Erwerb ganzer Ländereien wie z. B. in den zum Teil noch weitgehend unerschlossenen Waldzonen Brasiliens und Kanadas, um den Ankauf einer grossen Einheit von Bauerwartungsland oder auch nur um den Erwerb kleinerer Parzellen – gleichsam „zum privaten Gebrauch" – handeln. Unter machtpolitischen Aspekten sind diese unterschiedlichen Arten der Sachanlage indes sehr verschieden zu bewerten.

Soweit sich der private Grundstückserwerb auf Grossobjekte erstreckt, ist stets mit der Erlangung einer gewissen Machtposition zu rechnen. Doch beschränkt sich die aus der Machtstellung resultierende Einflussnahme in aller Regel auf die betroffene Region eines Landes, weshalb sie im Rahmen des grösseren Staatsganzen unschwer einer politischen Kontrolle zugeführt werden kann. Aus derselben Überlegung erscheint einsichtig, dass die Zentralgewalt ebenfalls in der Lage ist, im Zuge präventiver Massnahmen die Regionalgewalt daran zu hindern, allzu umfassende Machtpositionen ausländischer Grundstückskäufer überhaupt zu genehmigen. Als Beispiel sei hier auf die Schweiz verwiesen, in der einige Landesteile – so etwa der Kanton Wallis – mit Grundstückskäufen in ganz erheblichem Umfange konfrontiert werden, deren Zweck die Errichtung von in ausländischem Eigentum stehenden „Feriensiedlungen" ist. Während trotz der „Lex Furgler", des Bundesbeschlusses über den Erwerb von Grundstücken durch Personen im Ausland aus dem Jahre 1974, welcher den Erwerb schweizerischer Immobilien durch Ausländer im Grundsatz massiv einschränkt, die zuständigen Behörden des Wallis solchen Gesuchen sehr offen gegenüberstehen – 1977 wurden von 1529 Anträgen nur 20 abgelehnt –, steht dem Bund die Möglichkeit frei, Verschärfungen vorzunehmen, um im gesamtstaatlichen Interesse ein übermässiges Anwachsen ausländischer, durch Grundstücksbesitz vermittelter Macht im einzelnen zu verhindern.

Anders hingegen verhält es sich mit Blick auf die Anlage in Grossgrundstücken, die einer machtvollen industriellen, gewerblichen oder landwirtschaftlichen Nutzung zugeführt werden sollen. Hieraus erwachsen nämlich gelegentlich Machtpositionen, die in manchen Fällen bis zur völligen Marktbeherrschung reichen können. Als Beispiele seien in ausländischem Besitz befindliche Latifundien genannt, die in Entwicklungsländern die Ausmasse kleinerer Staaten erreichen können und wegen der häufig dort betriebenen Monokultur die Wirtschaft des Landes mitunter in totale Abhängigkeit vom Export eines bestimmten Produktes bringen. Gedacht sei auch an die US-beherrschten Kupferminen in Chile, die bis zur Verstaatlichung unter Präsident Allende der staatlichen chilenischen Hoheitsgewalt quasi entzogen waren. In beiden Fällen können — und gerade Entwicklungsländer sind für solche Handlungsweisen besonders anfällig, weshalb sie sich oft nur über Enteignungen zu wehren vermögen, welche jedoch regelmässig eine noch weitergehende Verschlechterung der wirtschaftlichen Situation bewirken — Monopolstellungen durch internationale Grossanleger erreicht werden, die die autonome Handlungsfähigkeit der nationalen Regierungen selbstredend erheblich schwächen. Eine derartige Schmälerung der staatlichen Entscheidungsfreiheit ist auch dann zu registrieren, wenn internationale Konzerne gar nicht einmal auf dem Binnenmarkt eine Monopolstellung aufweisen oder durch ihre Exporte zu einer unverzichtbaren Grösse beim Ausgleich der Ertragsbilanz herangewachsen sind; es genügt nämlich häufig schon der blosse Umfang der Investitionen internationaler Konzerne, damit die nationalen Regierungen allein bereits aus beschäftigungspolitischen Erwägungen bei ihren wirtschaftspolitischen Entscheidungen Zurückhaltung wahren.

Formen des Erwerbs internationaler Sachanlagen, wie sie sich als Immobilien-Leasing oder in Gestalt von Immobilienfonds, Bauträgergesellschaften und anderen, ähnlichen Unternehmen manifestieren, lassen Machtausübung, wie sie vorstehend angezeigt wurde, nicht zu. Bei ihren Überlegungen stehen Ertragserwägungen im Vordergrund. Deshalb ist eine Machteinschränkung der nationalen Behörden selbst dann kaum zu erwarten, wenn solche Gesellschaften auch erhebliche Beträge in einem bestimmten Land anlegen.

4 Ziele der internationalen Kapitalanleger unter besonderer Berücksichtigung moralischer Aspekte

Mit jeder internationalen Kapitalanlage wird — wie kann es anders sein — irgendeine Zielsetzung verfolgt. Hierbei können sehr unterschiedliche Motivationen im Vordergrund der Überlegungen stehen. Normalerweise wird eine optimale Mehrung des eingesetzten Kapitals angestrebt. In welcher Weise eine derartige Optimierung verfolgt und dann auch durchgesetzt wird, ist ohne Zweifel eine Frage der individuellen Geschicklichkeit und Einschätzung der zu erwartenden Marktlage. Hinzu treten, über das blosse Rentabilitätsdenken hinausreichend, nicht selten machtpolitische Ambitionen, die das im Grunde natürliche Erwerbsstreben in den Hintergrund drängen. In jedem Falle besteht indes eine moralische Komponente, die es zu würdigen gilt.

In den nachfolgenden Abschnitten soll nunmehr versucht werden, die möglichen Motive der internationalen Kapitalanlage aufzuzeigen und, daran anknüpfend, die moralischen und machtbezogenen Aspekte solchen Handelns zu untersuchen. Wenngleich wir dabei eine isolierende Betrachtungsweise verwenden, dürfte feststehen, dass sich die einzelnen Motive in der täglichen Anlagepraxis nur zu gern vermischen, womit auch die jeweils angesprochenen Macht- und Moralkomponenten eine neue Gewichtung erfahren. Jede Form der internationalen Kapitalanlage ist somit unter vielerlei Blickwinkeln zu durchleuchten.

41 Optimierung von Rentabilität, Liquidität und Sicherheit als moralpolitisches Problem

Wenn das Zinsniveau im einen Land niedrig, in anderen Ländern hingegen höher ist, liegt es unter dem Gesichtspunkt der Rentabilität nahe, Gelder bzw. Kapitalien in die Länder mit höherem Zinsniveau zu transferieren. Dies gilt selbstverständlich besonders dann, wenn die Zinsdifferenzen im internationalen Rahmen ein zumindest beachtenswertes Ausmass annehmen, da nur dann ein die Transferkosten übersteigender Gewinn erzielt werden kann. Internationale Zinsunterschiede können demnach die Ursache von Kapitalströmen zwischen den einzelnen Staaten sein.

Die neue Bedeutung freier Wechselkurse
Im Zeitalter des Gold-Standards und selbst noch in den Jahren des Gold-Devisen-Standards setzten solche Geld- bzw. Kapitalbewegungen gleichsam automatisch, ja fast zwangsläufig ein, da sie aufgrund der stabilen Wechselkursverhältnisse einen gesicherten Mehrertrag in Höhe der zwischenstaatlichen Zinsdifferenz versprachen. Diese praktisch als garantiert zu betrachtende Konstanz der Wechselkurse, welche allenfalls durch punktuelle Auf- oder Abwertungen eine gelegentliche Erschütterung erfuhren, ist mit der am 15. August 1971 erfolgten Aufhebung der Goldeintauschpflicht durch die amerikanische Notenbank – den Federal Reserve Board – nicht mehr gesichert. Zudem haben spätestens mit dem Jahre 1973 alle wichtigen Notenbanken der westlichen Welt durch die Aufhebung fester Wechselkurse und den Übergang zum Floating diese Unsicherheit noch verstärkt. Seitdem sind selbst beträchtliche Zinsdifferenzen im internationalen Raum nur mehr dann attraktiv, wenn der Ertrag aus der Ausnützung dieser Differenzen die Kosten einer allfälligen Absicherung des Wechselkursrisikos übersteigen.

Diese erst in den letzten paar Jahren aktuell gewordene Situation hat zur Folge, dass Anlagen in hochverzinslichen Währungen nur dann von Interesse sind, wenn diese für den Anlagezeitraum keine den Zinsgewinn absorbierende Abwertungsverluste hinnehmen müssen. Doch ist auch in umgekehrter Richtung ein Umdenken erforderlich geworden: Die Anlage in Ländern mit niedrigem Zinsniveau kann dann vorteilhaft sein, wenn für ihre Währungen mit Aufwertungen zu rechnen ist. Schlussendlich ist aber auch der Effekt zu verzeichnen, dass Kredite usw. an Weichwährungsländer gar nicht mehr in deren Währung gewährt werden, sondern in harter Währung zurückgezahlt werden müssen.

Aus diesem Grunde ist die Rentabilitätsfrage im internationalen Raum heute nicht nur eine solche nach den Zinsdifferenzen, sondern in erster Linie eine solche nach der Absicherung von Wechselkursrisiken.

Obwohl wechselkursrisikobedingte Geld- und Kapitalverschiebungen für die betroffenen Volkswirtschaften erhebliche Konsequenzen nach sich ziehen können, lassen sich internationale Geld- und Kapitalbewegungen, die gerade oder ausschliesslich im Hinblick auf erwartete Veränderungen der Wechselkurse getätigt werden, generell weder als grundsätzlich gut noch als grundsätzlich böse einstufen. Wenn sich Industrie- und mehr noch Handelsunternehmen mit den von ihnen für die Durchführung des üblichen Geschäftsbetriebes benötigten Devisen unabhängig von Renditeerwägungen eindecken, weil sie nur so Währungsverluste vermeiden können, so ist dies ein ganz normales geschäftliches Vorgehen, bei dem die Moral durchaus gewahrt ist.

Werden dagegen internationale Geld- und Kapitalbewegungen in Gang gesetzt, um Wechselkursverschiebungen zu verstärken und alsdann zu Spekulationsgewinnen zu nutzen, so muss ein anderer moralischer Massstab angelegt werden. In diesem Falle wird nämlich eine Störung der Wirtschaftsbeziehungen im internationalen Raum bewusst und gewollt herbeigeführt, um den eigenen Vorteil, der sich im erzielten Spekulationsgewinn ausdrückt, zu Lasten der Gesamtheit zu vergrössern, und dies unter Hintanstellung der normalen Rentabilitätserwägungen. Ein solches Vorgehen muss unter moralischen Aspekten zu schwerwiegenden Bedenken Anlass geben. Es geht nicht nur darum, dass einzelne mächtige Institutionen auf dem Rücken der breiten Allgemeinheit durch eigene Leistung nicht gerechtfertigte Gewinne machen. Viel schwerwiegender sind die schädigenden volkswirtschaftlichen Auswirkungen anzusehen. So hat die seit Jahren anhaltende Unruhe um den amerikanischen Dollar, die ihre primäre Ursache zweifellos in der jahrelang verfehlt betriebenen Wirtschafts- und Währungspolitik der USA findet, durch die sporadisch immer wieder aufs Neue anbrandenden Spekulationswellen für die gesamte Weltwirtschaft nicht zu unterschätzende Nachteile erzeugt.

Der Januskopf der Liquidität
Die Liquidität in den internationalen Geld- und Kapitalbeziehungen steht und fällt mit der Konvertibilität der einzelnen Währungen. Deshalb werden von privater Seite Kapitalanlagen in Ländern mit konvertiblen Währungen bevorzugt und Geldanlagen praktisch nur in solchen Währungen vorgenommen. Hierbei stehen naturgemäss jene Währungen im Vordergrund, bei denen die jederzeitige Umtauschbarkeit gar nicht

zur Diskussion steht; angesprochen sind also die sogenannten Hartwährungen. Bei den weichen Währungen, wie sie in der vergangenen Dekade namentlich das englische Pfund und die italienische Lira darstellten, wird hingegen eine Wechselkursabsicherung begehrt oder — bei Grosstransaktionen — eine ausdrückliche Transfergarantie der nationalen Währungsbehörden ausbedungen. Dieses Vorgehen ist unter moralischen Aspekten durchaus verständlich, weil Kapital in erster Linie der Finanzierung eigener Bedürfnisse dient. Wird es hingegen ausgeliehen, weil diese Finanzmittel zeitweilig nicht benötigt werden, so muss auf die termingerechte Rückzahlung hoher Wert gelegt werden, weil mangelnde Liquidität infolge einer Blockade im Ausland angelegten Kapitals durch devisenrechtliche Vorschriften die Anleger selbst in grosse Schwierigkeiten bringen kann. Dieses Problem der Transferierbarkeit stellt sich insbesondere auch für Unternehmungen, die im Ausland Direktinvestitionen vornehmen. Oft nämlich werden durch die Gastländer die Möglichkeiten, Dividenden auszuzahlen, in nicht unbeachtlichem Umfange eingeschränkt. Diese staatliche Verhaltensweise ist zweifelsfrei einer der Gründe, die — neben allfälligen steuerlichen Vorteilen durch Vermeidung der Doppelbelastung auf ausgeschütteten Dividenden — viele international aktive Unternehmungen veranlassen, ihre Tochtergesellschaften bevorzugt mit Fremdkapital, durch Kredite und Darlehen, zu finanzieren, da Zinszahlungen und Schuldrückzahlungen in vielen Fällen eine devisenrechtliche Besserstellung erfahren.

Anders gelagert ist die Situation bei Geld- und Kapitalinvestitionen staatlicher Organe. Beispielsweise müssen insbesondere die Notenbankinstitute kleinerer Länder der Liquidität einen hohen Stellenwert einräumen, um den Zahlungsbilanzausgleich jederzeit und nötigenfalls durch Interventionen an den Devisenmärkten sicherzustellen. Für grosse, über reiche Währungsreserven verfügende Notenbanken, bei denen die internationale Liquidität in Anbetracht sehr grosser Reservepolster gar nicht zur Diskussion steht, könnte es hingegen manchmal zu einer moralischen Pflicht werden, in Not geratenen Ländern mit Währungskrediten zu helfen. Die Forderung nach steter Liquidität könnte in diesem Rahmen einer höheren, nämlich moralischen Zielsetzung untergeordnet werden. Zudem ist zu beachten, dass die hilfeleistenden Institute selbst ein Interesse an baldiger Situationsverbesserung in den anderen Ländern haben, da Zahlungsbilanzungleichgewichte des einen Landes sehr rasch dazu neigen, auch andere Staaten in Mitleidenschaft zu ziehen, indem sie dort entsprechende Überschüsse mit den dazugehörenden Kapitalzuflüssen bewirken, welche erhebliche Auswirkungen auf die nationale Geld- und Kreditpolitik zeitigen können.

Die Sicherheit internationaler Geld- und Kapitalanlagen ist unter ähnlichen Gesichtspunkten zu betrachten. Selbstverständlich dürfen die privaten Geld- und Kapitalanleger, und hier insbesondere die Banken, Investmentgesellschaften und ähnliche Institute, die Sicherheit ihrer Anlagen nie ausser acht lassen. Dies gilt auch und gerade unter moralischem Aspekt, weil es sich ja bei den angelegten Geldern zum allergrössten Teil nicht um eigene Mittel handelt, sondern um Einlagen von Drittpersonen, die den genannten Instituten unter der unausgesprochenen Voraussetzung Vertrauen geschenkt haben, dass diese ihre eingebrachten Kapitalien „mit Sicherheit" auch wieder zurückzahlen werden.

Für Staaten und supranationale Organisationen sieht die Lage dagegen häufig anders aus. Hier werden nicht selten ganz bewusst und gezielt Kredite gewährt, die mit einem so grossen Risiko verknüpft sind, dass sich Banken und andere private Kapitalanleger eben wegen der solchen Anlagen anhaftenden Unsicherheit weigern, entsprechende Gelder in die betreffenden Länder fliessen zu lassen. Um auch Staaten, die für private und häufig auch staatliche Kapitalhilfen nicht die notwendigen Mindestanforderungen in puncto Sicherheit der Kapitalanlage erfüllen, in den Genuss von ausländischen Finanzmitteln gelangen zu lassen, sind eigens internationale Institutionen wie z. B. die Weltbank ins Leben gerufen worden. Bei Ausleihungen der Weltbank und ähnlicher Institute — sie werden noch in Abschnitt 54 näher vorgestellt werden — geht es in erster Linie darum, armen Ländern der Dritten Welt mit Krediten eine Anhebung der wirtschaftlichen Leistungskraft und damit des nationalen Wohlstandes zu ermöglichen, mit der Folge, dass die gezeigte internationale Hilfestellung, die als eine besonders anerkennenswerte Form der Erfüllung moralischer Pflicht zu sehen ist, die Zielsetzung „Sicherheit" eindeutig dominiert.

42 Die Spekulation als Motiv für internationale Geld- und Kapitalanlagen

Dem Begriff der Spekulation haftet seit eh und je das Odium des Unmoralischen an. Nun werden aber mit dem Gedanken an Spekulation dermassen verschiedenartige Aktivitäten verbunden, dass wir das, was wir mit „Spekulation" bezeichnen, keinesfalls generell als unmoralisch disqualifizieren können.

Positiv: die Spekulation auf dem Markt
Wenn beispielsweise private Institutionen oder natürliche Personen ausländische Aktien und/oder Obligationen kaufen, so werden daraus selbstverständlich materielle Vorteile erwartet: zum einen hinsichtlich der Rendite und zum anderen – dies insbesondere beim Erwerb von Aktien – auch in Form von Kurssteigerungen bzw. in Gestalt günstiger Bezugsrechte. Diese Erwartung ist in aller Regel nicht als unmoralisch anzusehen, weil hierbei keine Schädigung anderer Personen ins Auge gefasst, sondern lediglich ein Kapitalertrag angestrebt wird, der in seiner Kombination aus Verzinsung und Kursgewinn über dem nationalen Niveau im Lande des Anlegers zu stehen kommt.

Diese Aussage gilt wie für die genannten Aktionäre gleichermassen auch für die Investoren in Industrie und Gewerbe. Es dürfte nämlich auf den ersten Blick einleuchten, dass Direktinvestitionen im Ausland nur dann vorgenommen werden, wenn sie eine zumindest angemessene Rendite in Aussicht stellen. Unternehmungen, die auf einem fremden Markt durch eigenständige Präsenz einsteigen wollen, müssen, wollen sie Verluste vermeiden, auf die Gunst des Marktes „spekulieren". Damit aber konzentrieren sich Investitionen fast ausschliesslich auf die europäischen und nordamerikanischen Industriestaaten und die bereits in ihrer Entwicklung recht vorangeschrittenen Staaten der Dritten Welt wie Brasilien, Mexiko oder – bis vor kurzem – den Iran; denn nur diese Länder verfügen über eine Wirtschaftskraft und ein Entwicklungspotential, die Investitionen lukrativ erscheinen lassen. Die ärmeren Länder dieser Erde werden dagegen nur in Ausnahmefällen mit beachtenswerten Direktinvestitionen gefördert. Diese Ungleichverteilung darf den investierenden Unternehmungen aber nicht als unmoralisches Geschäftsgebaren ausgelegt werden. Sie müssen sich an langfristigen Gewinnkriterien orientieren, wollen sie nicht ihre eigene Existenz aufs Spiel setzen.

Anders zu beurteilen sind hingegen internationale Geld- und Kapitalanlagen, die mit übertriebenen Gewinnerwartungen verbunden sind. In aller Regel werden hierbei nämlich entweder bestimmte Personengruppen oder auch ganze Volkswirtschaften geschädigt. Als Beispiel sei erwähnt der in bedeutendem Umfange durchgeführte Aufkauf von Aktien an marktbeherrschenden Unternehmen, die unter neuer Führung alsdann mit erheblichen Preiserhöhungen beträchtliche Zusatzgewinne erzielen. Dies gilt natürlich ganz besonders für Unternehmen, die lebenswichtige Produkte herstellen. Das Beispiel zeigt jedoch bereits, dass eine als unmoralisch zu disqualifizierende Verhaltensweise nur von Kapitalanlegern ausgehen kann, die über Macht verfügen. Macht und Moral stehen, wie ersichtlich, in engstem Zusammenhang.

Aber: die Crux der Devisenspekulation
Als Sonderfall der Spekulation ist in jüngerer Zeit die sogenannte Devisenspekulation aufgetaucht, die häufig und nahezu von allen Seiten angeprangert wird. In diesem Zusammenhang sind im Grunde aber zwei Elemente zu unterscheiden, die in der Intensität ihrer Auswirkungen völlig unterschiedlich gelagert sind. Zum einen geht es um diejenigen Länder, in die Devisen hineinströmen, und zum andern um jene Staaten, aus denen Devisen abfliessen. In den Ländern mit Devisenzufluss besteht durchwegs freie Konvertibilität, d. h. unbeschränkte Transferierbarkeit nicht nur der inländischen, sondern auch aller ausländischen Währungen. Ist die freie Konvertibilität noch gekoppelt mit einem System der flexiblen Wechselkurse, so darf schon aus dem Grunde kaum ein rein rezeptives Verhalten der Teilnehmer am Devisenmarkt erwartet werden, weil andernfalls der mit dem Floating geradezu vorausgesetzte Marktmechanismus bereits aus blossen technischen Gründen nicht vollauf spielen könnte. Die Staaten sind ja eben deshalb zum Floating übergegangen, damit der freie Markt den Gleichgewichtspreis für die einzelnen Währungen festsetzt. Zu diesem Zwecke müssen indes die am Devisenmarkt operierenden Kräfte die jeweilige Währung „testen", d. h. durch spekulative Kapitaltransfers ermitteln, ob der geltende Preis für die Währung tatsächlich den Marktbedingungen entspricht oder ob – mit Blick auf Devisenzuflussländer – nicht doch eine Höherbewertung vorgenommen werden muss. Wenn dennoch die Flexi-

bilität der Wechselkurse wegen ihrer Funktion als Marktausgleichselement als währungspolitische Idealfigur hingestellt wird, wie dies in den letzten Jahren in massgebenden Kreisen geschehen ist, so können selbst bei einem beträchtlichen und nicht immer in diesem Umfange erwünschten Devisenzufluss kaum moralische Bedenken hinsichtlich des Verhaltens der Marktteilnehmer angemeldet werden.

Devisenspekulation lädt indes dann zu moralischen Bedenken ein, wenn sie nicht nur zum „Testen" einer Währung erfolgt, sondern das eindeutige Ziel verfolgt, eine bestimmte Währung ungeachtet der ihr zugrundeliegenden wirtschaftlichen „fundamentals" wie Aussenhandelsposition, Zahlungsbilanzsituation, Inflationsrate oder konjunkturelle Aussichten einer Höherbewertung zuzuführen, damit im Anschluss hieran entsprechende Aufwertungsgewinne realisiert werden können. Beliebteste Ziele solcher wirtschaftlich kaum zu rechtfertigenden Spekulationswellen bilden Japan, die Bundesrepublik Deutschland und die Schweiz. Dass massive spekulative Elemente am Werke gewesen sein müssen, beweist ein Blick auf den Zuwachs der Währungsreserven in den drei genannten Staaten, der gewiss nicht bloss auf die steten Handelsbilanzüberschüsse zurückzuführen ist: So wuchsen Japans Währungsreserven von 4,8 Mrd. SZR im Jahre 1970 auf 17 Mrd. SZR 1972 an, fielen jedoch bereits ein Jahr später auf blosse 10,2 Mrd. SZR und betrugen 1976 14,3 Mrd. SZR. Das Reservepolster der Bundesrepublik Deutschland nahm im Zeitraum 1970 bis 1976 recht kontinuierlich von 13,6 auf 29,9 Mrd. SZR zu, und auch die Schweiz konnte für dieselbe Periode einen steten Zuwachs von 5,1 auf 11,2 Mrd. SZR verbuchen. Es ist einsichtig, dass Spekulationsgelder, die sich in massivem Umfange hinter diesen Zahlen verbergen lassen und innerhalb dieser im Grunde stetigen Entwicklung Ausschläge verursacht haben, für die empfangenden Volkswirtschaften schwere Gefahren mit sich brachten: Zum einen wurde durch Aufblähung der internen Geldmenge ein beachtliches Inflationspotential aufgebaut, und zum andern kam die Exportwirtschaft durch die massiv zu ihren Ungunsten veränderte Wechselkurslage in harte Bedrängnis, mit allen negativen Auswirkungen auf die Beschäftigungssituation. Dass Spekulationsbewegungen häufig auch über das vertretbare Ziel hinausschossen, einen realistischen Wechselkurs zu eruieren, zeigt das Beispiel Japans. Nachdem Japans Yen im Laufe der letzten Dekade eine enorme Aufwertung hatte hinnehmen müssen, ist er seit der zweiten Hälfte 1978 wieder unter erheblichen Druck geraten —

unzweifelhaftes Zeichen für eine vorgängige Überbewertung der Währung. Spekulation kann also, wie dargelegt, in Verantwortungslosigkeit ausufern — und diese untersteht strengem moralischem Verdikt.

Auch beim Devisenabfluss aus spekulativen Motiven sind moralische Vorbehalte nicht grundsätzlich auszuschliessen. Dies gilt insbesondere in jenen Fällen, in denen Devisenbewirtschaftungsvorschriften missachtet oder ganz gezielt umgangen werden. Durch die Flucht in eine andere Währung — wobei es sich in aller Regel natürlich um eine sogenannte „harte" Währung handelt — wird nämlich erfahrungsgemäss gerade solchen Ländern Kapital entzogen, die dieses für Investitionen und damit zur Schaffung von Arbeitsplätzen besonders dringend benötigen. Dies gilt vor allem dann, wenn die im Rahmen der Investitionen erforderlichen Maschinen und Anlagen aus eben jenen Hartwährungsländern importiert werden müssen. Falls infolge der Kapitalflucht die Devisen für die notwendigen Importe fehlen und die Investitionen deshalb nicht vorgenommen werden können, tritt zweifelsohne eine Schädigung der Allgemeinheit ein. Unter solchen Umständen kann Devisenspekulation keinesfalls als moralisch angesehen werden, und zwar trotz oder gerade wegen der Vorteile, die einzelne Personen für sich aus ihrem Verhalten praktisch ohne jedes Risiko erzielen. Einige Länder Mittel- und Südamerikas stehen für die negativen Seiten der Kapitalflucht und der Spekulation gegen die eigene Währung als unrühmliche Beispiele.

43 Erschliessung neuer Märkte als Stimulus für internationale Kapitalanlagen

Internationale Kapitalanlagen, die im Hinblick auf die Erschliessung neuer Märkte vorgenommen werden, kommen praktisch nur für grössere, allenfalls auch mittlere Unternehmen in Frage. In aller Regel können derartige Kapitalanlagen mit Direktinvestitionen gleichgesetzt werden, die entweder der Förderung eigener Exporte durch Vertriebsgesellschaften dienen oder zur Errichtung von Produktionsstätten im Ausland führen.

Unter moralischen Aspekten müssen internationale Kapitalanlagen zum Zwecke der Erschliessung neuer Märkte grundsätzlich von zwei Seiten betrachtet werden, nämlich zum einen aus der Sicht der Kapitalgeber und zum andern im Hinblick auf Auswirkungen in den kapitalnehmenden Ländern.

Die internationalen Kapitalgeber können mit der Erschliessung neuer Märkte verschiedenartige Unterziele verfolgen. Sofern lediglich neue Anteile an schon bestehenden Märkten gewonnen werden sollen, demnach also eine weitere Marktdurchdringung angestrebt wird, mit der Folge, dass der Wettbewerb in diesen Märkten statt eingeschränkt eher noch intensiviert wird, ist jeglicher Vorwurf fehl am Platze. Anders dagegen ist die Lage, wenn mit der Erschliessung neuer Märkte Monopolstellungen aufgebaut werden sollen, mit deren Hilfe fremde Volkswirtschaften ausgebeutet werden. Dieses Verhalten war in früheren Zeiten in den ehemaligen Kolonialgebieten durchaus der Regelfall. Doch auch heute sind Entwicklungsländer ein beliebtes Ziel, um durch bestehende Anlagen oder durch neu vorzunehmende Direktinvestitionen auf diesen Märkten eine Monopolstellung zu erlangen. Obwohl derartige Tendenzen durch die staatliche Wettbewerbs- und aussenwirtschaftliche Protektionspolitik oft gar noch gefördert werden, ist hier in der Regel ein unmoralisches Verhalten anzunehmen, weil mit der internationalen Kapitalanlage eine Schädigung der fremden Volkswirtschaft einhergeht.

Aus der Sicht der kapitalnehmenden Länder sind ausländische Investitionen somit stets dann als willkommen zu betrachten, wenn sie zu einer Steigerung des Wirtschaftswachstums und zu einer Mehrung des Wohlstands der Bevölkerung führen. Nur wenn im Gefolge aussergewöhnlicher Kapitalzuflüsse monopolistische Machtstellungen auftreten, die nicht durch besondere wirtschaftliche Notwendigkeiten gerechtfertigt werden können, steht es den kapitalnehmenden Ländern an, moralische Anklage zu erheben.

Umgekehrt aber können sich auch die kapitalnehmenden Länder selbst einem moralischen Vorwurf aussetzen. Dies ist vor allem dann der Fall, wenn Investitionen zunächst ausdrücklich willkommen geheissen, aber nach deren erfolgreicher Durchführung Verstaatlichungen bzw. Enteignungen vorgenommen werden, ohne dass hierfür eine plausible Begründung gegeben werden könnte. Es liegt hier typischerweise das vor, was der Jurist „Verstoss gegen Treu und Glauben" nennt und was daher in entwickelten Rechtsordnungen keinen Schutz findet. Da indes im internationalen Bereich eine Instanz fehlt, die das Unrecht solchen bewusst täuschenden Handelns sanktionieren könnte, bleibt nur die moralische Verdammung. Diese ist natürlich besonders dann begründet, wenn entweder überhaupt keine Entschädigung geleistet wird oder diese so gering ist, dass sie dem tatsächlichen Wert der Investitionen in keiner Weise entspricht. Eine derartige Praxis wird von demokratisch regierten Industriestaaten des Westens nicht oder nur in sehr seltenen Ausnahmefällen geübt; in einigen Entwicklungsländern und in manchen totalitär regierten Staaten wird indessen gar nicht selten hierzu gegriffen. Völlig überflüssigerweise wird ein solches Verhalten auch noch mit dem Vorwurf kapitalistischer Ausbeutung zu rechtfertigen versucht – eine Ansicht, die kaum je zuzutreffen vermag und daher keinesfalls eine Grundlage für eine moralisch anzuerkennende Begründung der vorstehend beschriebenen Handlungsweise abgeben kann.

44 Internationale Arbeitsteilung als Anlass für grenzüberschreitende Kapitalanlagen

Es ist unbestritten, dass die internationale Arbeitsteilung ganz wesentlich zu dem enormen Aufschwung der Weltwirtschaft in den vergangenen Jahrzehnten beigetragen hat. Ohne diesen grenzüberschreitenden Kapitalverkehr wäre diese Entwicklung kaum denkbar gewesen. Anlass für internationale Kapitaltransaktionen zum Zwecke der Arbeitsteilung geben in erster Linie Standortfragen, Probleme der Produktionstechnik und der Arbeitskosten. Eine gleichzeitige Optimierung dieser drei Kriterien lässt sich indes nur in Ausnahmefällen erreichen.

Die Vielschichtigkeit der Standortfrage
Bei der Standortfrage stehen zwei Aspekte im Vordergrund. Zum einen können Direktinvestitionen dem direkten Zugriff auf Rohstoffvorräte dienen, und zum andern bezwecken sie eine Verkürzung der Distanz zwischen Produktionsort und Verbraucherzentrum. Der Wunsch, hierbei die günstigste Lösung zu realisieren, ist in diesem Zusammenhang praktisch wertfrei, da es in erster Linie um logistische Probleme geht.

Bei der Standortwahl gibt es lediglich ein wesentliches Kriterium, das moralischer Anfechtung unterliegen könnte und daher gerade in der jüngsten Vergangenheit immer mehr an Bedeutung gewinnt: nämlich der Umweltschutz und die damit verbundenen ökologischen Probleme. Wenn beispielsweise in einem ausländischen Staat durch internationale

Kapitalanleger Produktionsstätten errichtet werden, die hochgiftige Chemikalien herstellen, so ist eine kritische Wertung auf jeden Fall am Platze. Zu denken wäre wohl an die zum Ciba-Geigy-Konzern gehörende Tochtergesellschaft im italienischen Seveso.

Falls derartige Produktionsstätten nur deshalb im Ausland errichtet werden, weil die Sicherheitsbestimmungen im Inland die Fabrikation solcher umweltbedrohender Produkte nicht zulassen, so ist das Verhalten der internationalen Kapitalanleger bereits höchst fragwürdig. Es ist dann als völlig unmoralisch zu qualifizieren, wenn der Bau der Produktionsstätten im Ausland lediglich aus Kostengründen erfolgt, die etwa dadurch entstehen, dass im Inland zwar produziert werden darf, dies aber wesentlich teurer zu stehen käme, weil im Inland der Sicherheit dienende Zusatzinvestitionen vorgeschrieben sind, die im Ausland mangels entsprechender gesetzlicher Bestimmungen unterbleiben können. In dieser Situation könnte ein Rechtfertigungsgrund allenfalls darin bestehen, dass die im Inland vorgeschriebenen Schutzbestimmungen auf freiwilliger Basis auch im Ausland angewendet würden.

Soweit die Produktionstechnik im Mittelpunkt internationaler Kapitalanlagen steht, tauchen moralische Probleme praktisch nicht auf. Wenn beispielsweise eine Unternehmung aus einem Land, das auf technischem Gebiet noch wenig entwickelt ist, ein anderes Unternehmen in einem hochindustrialisierten Staat aufkauft, um damit zugleich in den Besitz seines technischen „Know how" zu gelangen, so kann dies wohl kaum als unmoralisch qualifiziert werden. Zur Illustration sei an den Fall „Körting" erinnert, einen sehr bedeutenden deutschen Hersteller von Radio- und Fernsehgeräten. Als dieses Unternehmen in Konkurs zu geraten drohte, wurde es von einem jugoslawischen Unternehmen aufgekauft. Irgendwelche Proteste von deutscher Seite waren nicht zu vernehmen.

Es kommt freilich vor, dass internationale finanzielle Engagements von den kapitalnehmenden Ländern untersagt werden, weil militärische Interessen im Spiele sind. So würde beispielsweise die amerikanische Regierung wohl kaum den Kauf eines für die amerikanische Rüstung wichtigen Unternehmens durch Ausländer zulassen, und zwar wahrscheinlich selbst dann nicht, wenn der internationale Kapitalanleger aus einem NATO-Land stammen würde. Aus dieser Tatsache heraus könnte aber dem nichtamerikanischen Kapitalanleger nur deshalb, weil er an dem Objekt Interesse gezeigt hat, kein moralischer Vorwurf gemacht werden.

Auslagerung von Arbeitsplätzen — ein Problem
Internationale Kapitalanlagen zum Zwecke der Einsparung von Arbeitskosten haben in der jüngeren Vergangenheit ständig an Bedeutung gewonnen. Dies ist die Folge des sehr unterschiedlichen Anstiegs der Arbeitslöhne in den jeweiligen Ländern. Es ist nämlich festzustellen, dass die in den Industrieländern ohnehin bereits sehr hohen Löhne stärker noch angestiegen sind, als dies in den technisch weniger entwickelten Ländern der Fall war. So nahmen die nominalen Arbeitsverdienste in Japan in der Zeitspanne 1969 bis 1977 jährlich durchschnittlich um rund 16 Prozent zu, in der Bundesrepublik Deutschland um gut 10 Prozent und in der Schweiz um etwa 7 Prozent. Auch wenn die Reallohnerhöhungen erheblich niedriger anzusetzen sind, ist dennoch der Abstand zum Lohnniveau in der Dritten Welt — bedingt auch durch Wechselkursverschiebungen und oft galoppierender Inflation in diesen Ländern — stetig gewachsen. Aus diesem Umstand sehen sich immer mehr Industriebetriebe in Staaten mit hohen Lohnkosten veranlasst, Teile ihrer Produktion ins Ausland zu verlagern. Solche Unternehmensentscheide weisen selbstredend auch eine moralische Komponente auf.

Wenn ein Unternehmen im Ausland eine eigene Produktion aufnimmt oder auch nur Lohnaufträge dorthin vergibt, so bewirkt dies in aller Regel zunächst eine Verminderung der Arbeitsplätze im Inland. Im Zeichen der Überbeschäftigung, die besonders anfangs der siebziger Jahre in einigen europäischen Ländern — wie in der Schweiz und in der Bundesrepublik Deutschland — anzutreffen war, schienen Produktionsverlagerungen ins Ausland im Interesse einer Entspannung der heimischen Arbeitsmärkte und damit einer Reduzierung der Überfremdungsgefahr durch den unkontrollierten Zuzug ausländischer Arbeitskräfte durchaus erwünscht zu sein. Inzwischen und mit dem Mitte der siebziger Jahre zu verzeichnenden Konjunkturumschwung nebst seinen unerfreulichen Folgen für die Beschäftigungssituation in den Industriestaaten hat sich zunehmend die Erkenntnis durchgesetzt, dass es nicht der Weisheit letzter Schluss sein könne, temporären Überhitzungserscheinungen im Inland gleichsam durch eine Flucht ins Ausland zu begegnen.

Diese Bemerkung gilt vor allem für sehr lohnintensive Wirtschaftszweige, wie beispielsweise die Lederwaren- oder die Textilindustrie, in denen die Arbeitskräfte zudem auf technischem Gebiet meist keiner besonders anspruchsvollen Kenntnisse bedürfen. So ist es nicht verwunderlich, dass es gerade in diesen Wirtschaftszweigen zu Entlassungen gekommen ist, die in ihrer sozialen Dimension sehr bedauerlich waren, weil vergleichbare, neue Arbeitsplätze nur in unzureichendem Umfange zur Verfügung gestellt werden konnten.

Ganz generell erhebt sich angesichts dieser Erfahrungen die Frage, wie internationale Kapitalanlagen, die zum Zwecke der Einsparung von Arbeitskosten vorgenommen werden, unter moralischen Aspekten einzustufen sind. Die internationalen Kapitalgeber, in diesem Falle also die Arbeitgeber, verweisen nicht zu Unrecht darauf, dass ein weit über den internationalen Durchschnitt hinausgehendes inländisches Lohnniveau arbeitsintensive, in den technischen Anforderungen eher bescheidene Produktionsprogramme unrentabel mache und es aus diesem Grunde zwangsläufig zur Schliessung von Betriebsstätten im Inland kommen müsse. Diese Argumentation folgt auch den Erkenntnissen der modernen Wirtschaftstheorie, derzufolge arbeitsintensive Industrien in weniger entwickelte Regionen mit einem Überschuss an Arbeitskräften bei gleichzeitigem Mangel an Kapital ausgelagert werden sollen, wo hingegen die hochindustrialisierten Staaten mehr und mehr zur ausschliesslichen Erzeugung hochtechnisierter, kapitalintensiver Produkte übergehen bei gleichzeitiger Verstärkung des tertiären Sektors. Die heutige Tendenz zur Verlagerung von Industrien folgt demnach auch der in der Theorie vertretenen Rationalität des Wirtschaftens, indem die klassischen Prinzipien der Arbeitsteilung auf eine international zusammengewachsene Weltwirtschaft angewandt werden.

Die Kapitalgeber schieben die moralische Verantwortung für inländische Betriebsschliessungen, die zweifelsohne immer mit sozialen Härten verbunden sind, gern den Arbeitnehmerorganisationen, also den Gewerkschaften, zu und geben als Begründung übertrieben hohe Lohnforderungen an. Die Gewerkschaften ihrerseits weisen nicht unberechtigterweise darauf hin, dass im Inland im Interesse der Lohngerechtigkeit ein einigermassen ausgeglichenes Lohnniveau angestrebt werden sollte, zumal die relativ hohen Lebenshaltungskosten in den Industrieländern für alle Arbeitnehmer im gleichen Umfange gelten.

Es zeigt sich anhand dieser Konstellation, dass wirtschaftliche Vernunft nicht immer leicht zu realisieren ist, besonders in Zeiten wirtschaftlichen Strukturwandels. Die moralische Seite kommt in einem solchen Prozess häufig zu kurz und zwar aus dem einfachen Grunde, weil sich die Verantwortung für soziale Missstände keiner der beteiligten Gruppierungen zweifelsfrei zuschieben lässt. So stellt sich das Problem der ausländischen Direktinvestitionen in der Polarität zweier Machtstellungen, einerseits der Arbeitgeber, die aus Konkurrenzgründen nach niedrigen Lohnkosten streben, und andererseits der Gewerkschaften, die für Lohnerhöhungen kämpfen. Moralisch getroffen werden aber nur diejenigen, die bei der Verlagerung von Produktionsstätten ihren Arbeitsplatz verlieren. Wenn ihnen durch Sozialpläne oder ähnliche Überbrückungsmassnahmen eine angemessene Hilfestellung geboten wird, sind jedoch auch bedeutende Standortverlagerungen vertretbar, soweit sie wirtschaftlich ihre klare Begründung finden.

45 Erdölländer und das „Recycling"

Der Import von Erdöl und Erdölprodukten für die Staaten der westlichen Welt unter Einschluss der Entwicklungsländer hatte bis zum Krisenjahr 1973 keinerlei aussergewöhnliche Probleme aufgeworfen. Erst mit der Vervierfachung der Erdölpreise in diesem Jahre, die z. B. den Preis für sogenanntes „Arabian-Light"-Öl innert eines Jahres von 2,59 US-Dollar pro Barrel auf 11,65 Dollar hinaufkatapultierte und einen gewaltigen Transfer zusätzlicher Milliardenbeträge auslöste, ergaben sich für viele Länder erhebliche Zahlungsbilanzschwierigkeiten. Diese Schwierigkeiten gingen so weit, dass die gesamte Weltwirtschaft, die sich bereits auf dem Wege in eine eher rezessive Entwicklung befand, in Mitleidenschaft gezogen wurde. Abgesehen von den erdölfördernden Staaten selbst wurde das Wirtschaftswachstum in nahezu allen Ländern der westlichen Welt in signifikantem Umfang gebremst, was teilweise zu Arbeitslosigkeit in einem Ausmasse führte, wie sie seit mehreren Jahrzehnten nicht mehr zu verzeichnen war. Dies führte natürlicherweise zu einer markanten Verringerung der Aufnahmefähigkeit der westlichen Märkte sowohl für inländische wie auch für ausländische Waren und Dienstleistungen.

Ermöglicht wurde die massive Preiserhöhung für Erdöl und Erdölprodukte, die bis zum heutigen Tag nicht zu einem Abschluss gelangt ist und den Erdölpreis pro Barrel von rund 3 US-Dollar Anfang 1973 auf zum Teil mehr als 20 US-Dollar hinaufgetrieben hat, im wesentlichen durch die Gründung der „Organisation erdölexportierender Länder", kurz „OPEC" genannt, in der sich praktisch alle wichtigen westlichen Erdölproduzenten mit Ausnahme der Vereinigten Staaten von Amerika, Norwegens und Grossbritanniens zu einem Kartell zusammengeschlossen haben.

Folgerichtig und dennoch mit beachtlicher Inkonsequenz hat sich der von der OPEC dekretierten Preiserhöhung auch die Sowjetunion unilateral angeschlossen, die ansonsten die westlichen Monopole aus ideologischen Gründen stets heftig kritisiert hatte. Damit hat die Sowjetunion einen schlagenden Beweis dafür geliefert, wie auch auf die dortige Moral (sprich: Ideologie) rasch verzichtet wird, wenn harte Devisen locken. Die stetige Anpassung des Goldexportes der Sowjetunion an die laufenden Preissteigerungen für das wohl älteste Symbol des Kapitalismus liegt genau auf dieser Linie.

Preiserhöhungen im vorbeschriebenen Umfange sind zunächst einmal Ausfluss einer Machtstellung, die ihre Begründung in der Kartellisierung und damit Monopolisierung der Ölproduktion findet. Untersuchungen wie die des Club of Rome und auch Reden führender westlicher Politiker machten Anfang der siebziger Jahre deutlich, wie stark der westliche Wohlstand auf dem Import billigen Öls basierte und wie wenig die Industrieländer ohne dieses Öl längere Zeit würden überleben können. Indem sich die erdölfördernden Länder dieser Machtposition bewusst wurden, zudem das Öl als Waffe in der Nahost-Auseinandersetzung einsetzten, gelang es ihnen nicht nur, eine in solchem Ausmasse bisher unbekannte Ressourcenumverteilung zu bewirken, vielmehr wurden die Industrieländer zu neuen Verhaltensweisen gezwungen. Als wesentliches Ergebnis der Ausnutzung der neu erkannten Macht ist festzustellen, dass die OPEC-Staaten heute – und damit innert eines Jahrfünftes – zu einem gleichberechtigten und gleichermassen mächtigen Partner der Industrieländer im weltwirtschaftlichen Geflecht herangewachsen sind.

Der Ölschock – Auftakt zu einer neuen Weltordnung
So wenig der Machtaspekt im Handeln der Erdölländer einem Zweifel unterliegt, so vage müssen im jetzigen Zeitpunkt die diesbezüglichen

moralischen Gesichtspunkte beurteilt werden. Zwar ist richtig, dass ein Grossteil der Ölländer – hierzu zählen insbesondere die bevölkerungsarmen Staaten der arabischen Halbinsel – gar nicht in der Lage ist, die neu zufliessenden Gelder im eigenen Lande auch nur annähernd wirtschaftlich sinnvoll einzusetzen. Doch sind andere Länder wie Venezuela, Algerien oder der Iran darunter, die die Ölgelder sehr wohl unmittelbar zum Aufbau einer entwickelten Industrie einsetzen können; und auch Saudi-Arabien, das noch 1969 über ein Auslandsguthaben von blossen 785 Mio. Dollar verfügte und dieses bis 1977 auf etwa 65 Mrd. Dollar zu steigern wusste, wird eines Tages vor versiegten Ölquellen stehen und spätestens dann auf das bis anhin aufgehäufte Vermögen zurückgreifen müssen, um seinen Lebensstandard aufrechterhalten zu können. Gewiss kam der Ölschock von 1973 überraschend und bewirkte in seinem Gefolge manche Turbulenzen, doch erscheint mehr als fraglich, ob eine allmähliche Erhöhung der Ölpreise nicht schon längst fällig gewesen war und vor 1973 das Öl weit unter seinem – objektiv – wahren Wert verkauft wurde. Dies gilt um so mehr, als die Inflation in den Industrieländern die Importe der Ölländer laufend verteuerte und der Fiskus der Verbraucherländer, so insbesondere in Westeuropa, am Verkauf der Ölprodukte kräftig mitverdiente und noch mitverdient.

Die Frage nach der Moral der Ölpreissteigerungen muss sich entscheiden im Blick auf die Art und Weise, wie die OPEC-Länder ihre jährlichen Überschüsse, die bereits 1974 einen Betrag von 60 Mrd. Dollar erreichten und noch 1977 33,5 Mrd. Dollar ausmachten, aber in 1978 auf rund 10 Mrd. Dollar zurückgingen, behandelt haben. Die Tatsache, dass einzelne erdölproduzierende Länder die zusätzlichen Milliardenbeträge gar nicht im eigenen Land einsetzen konnten, die anderen erst entsprechende Entwicklungspläne erstellen mussten, gab den eigentlichen Anstoss, den weitaus grössten Teil der zugeflossenen Gelder wieder im Ausland anzulegen.

Die Ölscheichs als weltweite Anleger
Die Geld- und Kapitalanlagen der erdölfördernden Länder im Ausland, die zu einem weitgehenden Rückfluss der durch die Preiserhöhung zusätzlich erlösten Milliarden führten, werden als „Recycling" der Petro-Dollars beschrieben. Die Kapitalanlagen der OPEC-Länder, die bis Mitte 1977 ein Auslandsvermögen von 140,5 Mrd. Dollar anhäuften, erfassen eine breite Palette von Anlageobjekten. Der Löwenanteil floss als kurz-

fristige Gelder in das amerikanische und europäische Bankensystem, wobei rund zwei Drittel auf den Euromarkt entfallen. Aber auch Direktanlagen, wie besonders der Ankauf von Grundstücken, Gebäuden und ganzer Unternehmen, gewinnen stetig an Bedeutung.

Die massiven Geld- und Kapitalanlagen der erdölproduzierenden Länder führten insbesondere zu einer beträchtlichen Aufblähung der Euromärkte. Offizielle Berechnungen geben den in Eurowährungen angelegten Petrodollar-Betrag für Mitte 1977 mit mindestens 58 Mrd. Dollar an. Damit leisteten die OPEC-Staaten dem keinerlei staatlicher Kontrolle unterstehenden Euromarkt zwar massgeblichen Vorschub und erzeugten dergestalt für die Weltwirtschaft ein weiteres Unruheelement; doch nur aufgrund der vorsichtigen Anlagestrategien der OPEC-Staaten und dank der Flexibilität der westlichen Finanzmärkte konnte die enorme Umwälzung finanzieller Ressourcen bewerkstelligt werden, ohne einen grösseren Kollaps im internationalen Finanzsystem zu bewirken. Insoweit haben die OPEC-Länder die ihnen aus ihrer Machtausübung erwachsenen moralischen Pflichten erfüllt.

Im Zuge der massiven Ausweitung des Euromarktes wurden gleichzeitig immer grössere Geldbeträge für den – auch nur kurzfristigen – Transfer aus dem US-Dollar in europäische Währungen frei. Etliche europäische Notenbanken, so vornehmlich die Schweizerische Nationalbank, wurden immer wieder durch anbrandende Spekulationswellen zur – zumeist vergeblichen – Verteidigung der Wechselkurse ihrer Währungen veranlasst und konnten dadurch entstehende Wettbewerbsverzerrungen für die Wirtschaft nicht verhindern. Es erscheint jedoch unwahrscheinlich, dass sich die Erdölländer an solchen Spekulationen selbst in grossem Masse beteiligt haben, da in aller Regel der „Run aus dem Dollar" im Mittelpunkt stand, wo hingegen die OPEC-Länder heute noch drei Viertel ihres Auslandsvermögens in US-Dollar angelegt haben. Die Unmoral der Devisenspekulation schnitt ihnen in das eigene Fleisch.

Die Finanzanlagen, so insbesondere der Erwerb grosser Ländereien in Florida und in anderen Staaten der USA wie auch der Ankauf berühmter Hotels im Herzen von London oder Paris, erregten in den davon betroffenen Ländern durchwegs Missbehagen, obwohl mit ihnen kaum moralische oder machtbezogene Bedenken verknüpft werden können. Demgegenüber erfahren Direktinvestitionen in Unternehmungen unter dem Machtaspekt eine unterschiedliche Beurteilung. Während insbesondere die USA ihnen ablehnend gegenüberstehen, da sie hierin einen Eingriff in die nationale Souveränität sehen, haben die Direktinvestititionen in anderen Staaten, so namentlich in der Bundesrepublik Deutschland und in Grossbritannien, einen ansehnlichen Stand erreicht. Diese Staaten stellen sich auf den Standpunkt, dass die geeignete Form der Machtkontrolle darin bestünde, die OPEC-Staaten möglichst eng in die internationalen wirtschaftlichen Verflechtungen einzubeziehen und sie somit auch in eine gewisse Abhängigkeit von der Entwicklung in den Industrieländern zu bringen. Macht soll mit Gegenmacht begegnet werden; angestrebt ist wechselseitige Interdependenz. Als wichtigste Beispiele für Direktinvestitionen in Unternehmungen seien genannt der Kauf von 25 Prozent an den deutschen Krupp-Hüttenwerken durch den Iran im Juli 1976 und die 14-prozentige Beteiligung Kuwaits am deutschen Autohaus Daimler-Benz, die für 300 bis 400 Mio. DM im November 1974 vom Flick-Konzern abgetreten wurde.

Gesamthaft betrachtet waren die Geld- und Kapitalexporte der erdölfördernden Länder für die Weltwirtschaft überaus nützlich, weil nur auf diese Art und Weise ein gewisses Gleichgewichtsniveau der Zahlungsbilanzen zwischen den Industrie- und den OPEC-Ländern wiederherstellbar war. Zu dieser Wiedergewinnung einigermassen ausgeglichener Verhältnisse trugen selbstredend auch die sprunghaft gestiegenen Importaufträge der Erdölproduzenten an die europäischen Industrieländer und die Vereinigten Staaten bei.

Alle genannten Handlungen der erdölfördernden Länder auf dem Gebiet des Geld- und Kapitalverkehrs sowie des Aussenhandels waren zwar nur zu einem geringen Teil unmittelbar moralisch motiviert — wie etwa die Finanzierung bestimmter Projekte in einigen Entwicklungsländern (vgl. hierzu die näheren Ausführungen unter 61) —, gesamthaft aber milderten sie dennoch beträchtlich die ansonsten unübersehbaren Konsequenzen einer Thesaurierungspolitik. Es ging den erdölfördernden Ländern mit der Preiserhöhung des Jahres 1973 im Grunde um eine Steigerung ihrer Einkommen und damit um eine gewisse Umschichtung der globalen Vermögensverhältnisse.

Dieses Vorgehen ist im Fazit ein machtpolitisches Phänomen, dem mit der Frage nach der Moral kaum beizukommen ist. Die Antwort hierauf kann allenfalls in einer zukünftigen historischen Perspektive gegeben werden.

5 Die internationalen Kapitalanleger im Lichte von Macht und Moral

Auf den ersten Blick scheinen sich Macht und Moral wechselseitig auszuschliessen, weil im sozialen Gefüge jede Machtausübung des einen eine Einschränkung der Machtgewalt zumindest eines anderen nach sich zieht. Eine derartige Machteinschränkung muss nun aber nicht zwangsläufig unmoralisch sein, denn die Nutzung bestehender Macht oder das Streben nach Macht bleibt solange im Rahmen „natürlichen" Verhaltens innerhalb der Gemeinschaft, als damit kein Missbrauch betrieben wird. Erst die Schädigung der Gesellschaft in ihrer Gesamtheit oder über einzelne ihrer Glieder vermag Macht und Machtausübung in den Bereich des Unmoralischen zu rücken. Gerade im politisch-wirtschaftlichen Umfeld liegen die Zusammenhänge von Macht und Moral keineswegs klar auf der Hand, wobei nicht zu vergessen ist, dass sich besonders in der Geld- und Kapitalanlage viele Transaktionen – und dies gilt auch im internationalen Raum – unter moralischen Aspekten jeder Wertung entziehen.

Nach diesen allgemeinen Bemerkungen sollen nunmehr im folgenden die gegenseitigen Einflüsse und Auswirkungen von Macht und Moral auf den internationalen Geld- und Kapitalverkehr beleuchtet werden. Dabei möge die Analyse anhand der unterschiedlichen Gruppierungen von Kapitalanlegern erfolgen.

51 Private Investoren – Moral ohne Macht

Für die überwiegende Mehrzahl der Privatleute, die Anlagen im Ausland vornehmen, kommen praktisch nur Kleinkonten, Aktien, Obligationen und Zertifikate von Anlagefonds in Betracht. Alle anderen Objekte der internationalen Kapitalanlage – so insbesondere Direktinvestitionen und Anlagen auf den internationalen Finanzmärkten – erfordern so grosse Beträge, dass kleinere Anleger von ihnen ausnahmslos ferngehalten werden. Nur eine Minderheit verfügt daher über Geldmittel, die eine Ausnützung aller Chancen im internationalen Geld- und Kapitalverkehr ermöglichen.

Kapital- und Steuerflucht: ein heisses Eisen
Es erscheint offensichtlich, dass mit dem Erwerb von nur wenigen Aktien, Obligationen oder Anlagezertifikaten so gut wie keine Macht ausgeübt werden kann. Indes können Kapitalanlagen – kleine wie grosse – unter dem Stichwort der Moral dann zu reden geben, wenn damit das Phänomen der Kapital- und Steuerflucht angesprochen wird. Als typische Kapitalfluchtländer gelten namentlich solche Staaten, die mit der innenpolitischen Sicherheit oder mit Wirtschafts- und Währungsproblemen zu kämpfen haben oder die eine mehr oder minder strenge Form der Devisenbewirtschaftung eingeführt haben.

Selbstverständlich ist das Bestreben des Anlegers berechtigt, sein Kapital sicher untergebracht zu wissen. Trotzdem sind Kapitalexporte, die Devisenbeschränkungen eklatant verletzen, eindeutig als unmoralisch zu qualifizieren. Soweit darüber hinaus Kapitaltransaktionen ins Ausland erfolgen, sind diese daran zu beurteilen, ob sie dem Exportland Schaden zugefügt haben. Ein schädigendes Verhalten liegt wohl dann vor, wenn durch die Auslandsverlagerung von Privatvermögen gezielt Abwertungsdruck auf die Heimatwährung ausgeübt werden soll, um im Anschluss an die erfolgte Abwertung einen entsprechenden Währungsgewinn durch Rücktransfer der Kapitals erzielen zu können. Gleichermassen als unmoralisch zu bewerten sind Kapitalexporte in der Folge politischer Umwälzungen, vor allem bei der Rückkehr eines Staates zur Demokratie. So nehmen Kapitalfluchtbeträge, die in der ersten Demokratisierungsphase in Spanien 20 Mrd. Franken erreicht haben sollen und auch im nachrevolutionären Portugal zwischen April 1974 und April 1975 über eine Milliarde Escudos ausmachten, in einem schwierigen Moment wichtige Kapitalien weg, die für die Fortführung einer geordneten Wirtschaft unerlässlich sind.

Wie aber der Kapitalexport nicht tel quel als unmoralisch bezeichnet werden darf, so ist auch das Phänomen der Steuerflucht unvoreingenommen anzugehen. Jedem Bürger steht es nämlich frei, seine Geschäfte so einzurichten, dass er möglichst wenig Steuern zu entrichten hat. Daher findet auch die Verlagerung von Kapitalien über die Grenze unter moralischem Aspekt grundsätzlich Anerkennung, sofern sie aus beachtlichen, insbesondere wirtschaftlichen Gründen erfolgt. Schlichtweg illegal sind jedoch alle Formen der internationalen Steuerhinterziehung, die darauf abzielen, „schwarzes Geld weiss zu waschen". Ebenfalls zu starken moralischen Bedenken Anlass geben Kapitalübertragungen, denen kein anderer Zweck als der der Steuereinsparung zugrundeliegt. Hierdurch wird nämlich zumeist eine Erhöhung der heimischen Steuerlast bewirkt und so die nationale Solidarität der Steuerzahler verletzt.

Ohne Grösse keine Macht
Moralische Fragen im Zusammenhang mit kleinen Kapitalanlagen tauchen jedoch auch im Blick auf Kapitalnehmer auf, die die Unerfahrenheit der Anleger zu überaus fragwürdigen und moralisch anrüchigen Manipulationen ausgenutzt haben. Da sich gerade im internationalen Bereich die anlagenotwendige Informationsbeschaffung für den einzelnen Investor als unlösbares Problem erweist, ist er häufig auf die Unterstützung durch Fachleute angewiesen. Diese Zwangslage führte in den sechziger Jahren zur Gründung verschiedener international tätiger Investmentfonds. Doch einige dieser Fonds sollten mehr ihren Leitern als den Anlegern nutzen. Berühmtestes Beispiel für diese Art der Finanzpiraterie wurde Bernard Cornfeld, dessen „Investors Overseas Service (IOS)" innert weniger Jahre 2,5 Mrd. Dollar zusammenbrachte und bald darauf Pleite anmelden musste.

Eine Minderheit der internationalen Anleger verfügt über weitaus grössere Möglichkeiten zur Anlage ihrer Gelder. Zunächst steht ihnen der Geld- bzw. Devisenmarkt offen, wobei an ersterem in der Schweiz nur Beträge von mindestens 50 000 Franken, an anderen Finanzplätzen aber erst ab 100 000 Dollar gehandelt werden. Engagements an den Geldmärkten zielen nahezu ausschliesslich auf die Ausnützung von Zinsdifferenzen im internationalen Raum, womit Machtansprüche in keiner Weise verknüpft werden, vielmehr lediglich der wirtschaftlichen Rationalität Folge geleistet wird. Auf die machtpolitischen und moralischen Aspekte der Engagements an den Devisenmärkten, namentlich im Blick auf die Devisenspekulation, ist bereits an anderer Stelle hingewiesen worden. Daher sei auf weitere Ausführungen zu diesem Punkt verzichtet.

Als nächstes wäre die Kategorie Aktien zu erwähnen. Solange sich die Anlage an ausländischen Aktien auf kleinere Einheiten beschränkt, handelt es sich lediglich um Portfolioinvestitionen, die weder unter machtbezogenen noch unter moralischen Gesichtspunkten zu Bedenken Anlass geben. In ihnen spiegeln sich lediglich die unterschiedlichen Ertrags- und Kurserwartungen im In- und Ausland sowie gegebenenfalls die Motive der Risikostreuung bzw. der sicheren Vermögensanlage wider, welche sämtlich dem üblichen wirtschaftlichen Verhalten entsprechen. Jedoch ist auch der Fall nicht selten, dass nationale Investoren grosse Aktienpakete oder auch ganze Unternehmen aufkaufen. Zur Realisierung solcher Übernahmen bedienen sie sich vorzugsweise eigener Kapitalgesellschaften im Inland, unter Umständen aber auch im Ausland, in welchem letzteren Falle es sich häufig um sogenannte „financial intermediaries" handelt. Als Beispiel für derartige Transaktionen sei die deutsche Flick GmbH erwähnt, die im Herbst 1978 für knapp 500 Mio. DM ihr Aktienpaket an dem amerikanischen Chemiekonzern Grace von 12,2 auf 31,1 Prozent aufgestockt hat. Auf diesem Wege, der einer Direktinvestition weitgehend entspricht, wird über die (Mit-)kontrolle naturgemäss eine gewisse Macht erworben, was aber nicht als unmoralisch einzustufen ist, solange eine Schädigung anderer Personen – z. B. durch Insider-Handel – unterbleibt und der Wettbewerb keine wesentliche Einschränkung erfährt.

Bei den internationalen Anlagen in Gebäuden und Grundstücken dürfte die Bedeutung von Privatinvestoren relativ am grössten sein und zwar naturgemäss besonders in bezug auf den Erwerb von im Ausland gelegenen Wohngebäuden. Hierbei werden, wie auch hinsichtlich des Ankaufs von Geschäftshäusern und gewerblichen Bauten (z. B. Hotels), Macht und Moral praktisch nicht tangiert. Anders und kritischer zu beurteilen ist der Erwerb von Grossgrundstücken und ganzen Regionen im Ausland. Mit dem Ankauf grosser Grundstücke, der im Hinblick auf die spätere Errichtung von Ferien„kolonien" getätigt wird, ist oft faktisch ein gewisser Machtanspruch verbunden. Ein derartiger Machtanspruch und die zukünftige Machtausübung, die namentlich in den betroffenen Gebieten zur Geltung kommen, sind in aller Regel nicht moralwidrig, weil sie weder eine Schädigung noch eine Unterdrückung anderer Personen bezwecken. Durch die Schaffung neuer Arbeitsplätze können solche Investitionen sogar zu einer Wohltat für die Bevölkerung werden. Hingegen ist die Macht, die mit dem Erwerb von Grossgrundstücken zum Zwecke der Exploration und der Urbarmachung einhergeht, vielfach negativ zu beurteilen. Falls bei derartigen Vorhaben die ansässige Bevölkerung vertrieben und zum Teil dezimiert wird, wie dies in einigen Gegenden Brasiliens, insbesondere im Amazonasgebiet geschah, so zählen sie unter moralischen Aspekten sicher zu den dunkelsten Kapiteln der internationalen Kapitalanlage.

52 Banken und Finanzgesellschaften — zwischen beherrschender Machtfülle und moralischer Anfälligkeit

Banken und Finanzgesellschaften nehmen seit eh und je eine führende Stellung in den internationalen Geld- und Kapitalbeziehungen ein. Die internationale Verflechtung gerade im wirtschaftlichen Bereich weist den Banken seit Beginn der sechziger Jahre in atemberaubendem Tempo eine ständig wachsende Bedeutung zu. Letzte Berechnungen der Bank für Internationalen Zahlungsausgleich geben für März 1978 ein Total der Bruttoauslandsforderungen von Banken von 711,2 Mrd. US-Dollar an, die selbst nach Abzug von Doppelzählungen immer noch einen Nettobetrag an Auslandsforderungen von 450 Mrd. Dollar ergeben. Noch Ende 1975 belief sich die Nettoposition demgegenüber auf vergleichsweise bescheidene 260 Mrd. Dollar.

Die Auslandsaktivitäten der genannten Institute umfassen zum einen Eigenengagements im Ausland und zum anderen — dies trifft insbesondere auf die Banken zu — die Vermittlung bzw. Abwicklung von Finanztransaktionen Dritter mit dem Ausland. Vornehmlich durch die letztere Tätigkeit, für die die Banken wegen ihres internationalen Netzes von Niederlassungen und Tochtergesellschaften und wegen ihrer Verbindungen zu Kollegialinstituten im Ausland geradezu prädestiniert sind, erlangen sie eine Machtstellung, die sie durch intensive Informationsbeschaffung über wirtschaftliche Ereignisse und Entwicklungen im Ausland noch verstärken. Indem Banken und Finanzgesellschaften so zu unentbehrlichen Trägern des internationalen Kapitalverkehrs geworden sind, verfügen sie über ein enormes Machtpotential, das ihnen unter dem Aspekt der Moral besondere Aufmerksamkeit zukommen lässt.

521 Die internationalen Aktivitäten der Geschäftsbanken

Es besteht das weitverbreitete Vorurteil, die Geschäftsbanken besässen zuviel Macht, es ermangele ihnen jedoch an Moral. Während diese Sicht der Geschäftsbanken bis anhin ganz überwiegend im nationalen Raum galt, erstreckt sie sich in letzter Zeit immer mehr auch auf die internationale Szene. Auf Vorbehalte und Misstrauen gegenüber den Geschäftsbanken im nationalen Rahmen ist hier nicht näher einzugehen. Im Gegenteil interessieren im Zusammenhang von Macht und Moral der Geschäftsbanken auf internationaler Ebene per definitionem nur die Auswirkungen ihrer grenzüberschreitenden Geld- und Kapitaltransaktionen.

Die Finanzpyramide des Euromarktes

Hinsichtlich der internationalen Geldtransaktionen der Geschäftsbanken drängt sich besonders eine Untersuchung des Euromarktes auf, der gleich einer Finanzpyramide seit den frühen sechziger Jahren einen ungeheuren Aufschwung genommen hat und offiziellen Schätzungen zufolge heute ein Volumen von rund 400 Mrd. Dollar aufweist. Zwar haben sich in den letzten Jahren wegen der internationalen Kapitalverflechtung – nicht zuletzt hervorgerufen durch eine auf anhaltenden US-Zahlungsbilanzdefiziten und auf dem Recycling-Prozess der Petrodollar basierende Liquiditätsschwemme – auch ausserhalb der europäischen Finanzmärkte (vor allem in London, Luxemburg und Brüssel) internationale Finanzdrehscheiben entwickelt. Besondere Bedeutung ist hierbei dem Asien-Dollarmarkt (Singapur, Hongkong, Tokio) und den offshore-Plätzen der Karibik wie den Bahamas und den Cayman-Inseln zuzumessen. Die ausstehenden Forderungen dieser aussereuropäischen Finanzmärkte beliefen sich Ende 1977 auf die stattliche Summe von brutto 91,3 Mrd. Dollar. Da jedoch die Probleme der überseeischen Märkte weitgehend mit denen des Euromarktes konform gehen und die europäischen Geschäftsbanken bislang ihre Aktivitäten fast ausschliesslich auf den Euromarkt konzentrierten, sei nur auf diesen im folgenden eingegangen.

Der Euromarkt entstand in London Ende der fünfziger Jahre; als Ursachen sind festzustellen die Flucht der osteuropäischen Staatsanleger aus dem Dollar, das herannahende Ende des englischen Pfund Sterling als internationale Handelswährung nach der Pfundkrise von

1957 und schliesslich die anhaltenden Defizite in der US-Zahlungsbilanz, verknüpft mit internen Verzerrungen im Zinsgefüge. Die Konstruktion eines an keine nationalen Grenzen gebundenen Finanzmarktes hat sich im Laufe der Jahre dermassen bewährt, dass auch andernorts Euromärkte entstanden. Besonders Luxemburg konnte sich in den Vordergrund schieben; mit seinen heute über 80 ausländisch beherrschten Banken — gegenüber nur 10 im Jahre 1965 —, die eine Bilanzsumme von über 25 Mrd. Dollar ausweisen, belegt es mittlerweile bereits Rang 2 nach London. Anlass für diese stürmische Entwicklung boten neben der unbeschränkten Konvertibilität der Währungen und einer sehr weitgehenden Wahrung des Bankgeheimnisses vornehmlich die Begünstigungen, die ausländischen Banken bei der Gründung von Tochtergesellschaften im allgemeinen, besonders aber in steuerlicher Hinsicht gewährt wurden. Letzteres Kennzeichen gilt namentlich auch für die offshore-Plätze der Karibik. Die Geschäftsbanken nutzten die Vorteile der Euromärkte, die sie im Inland nicht vorfanden, konsequent aus und gründeten zahlreiche Tochtergesellschaften in den Zentren dieser Märkte. Mittlerweile werden dort indes nicht mehr nur US-Dollars gehandelt, deren Marktanteil sich auf rund 70 Prozent gesenkt hat, sondern alle wichtigen Währungen der westlichen Welt, namentlich DM, Schweizerfranken, Yen, britisches Pfund und französischer Franken. Die entscheidende Rolle im Eurocurrency-Geschäft fällt unzweifelhaft den Geschäftsbanken zu; sie sind es, die den Geld- und Kapitalfluss im Gleichgewicht halten, sei es in ihrer primären Funktion als Zwischenhändler bei Eurotransaktionen, sei es auch als aktiver Einleger. Da sich der Euromarkt zudem zu einer für die gesamte Weltwirtschaft unverzichtbaren Kreditquelle entwickelt hat, verfügen die im Eurogeschäft tätigen Banken über eine ungeahnte Machtpotenz. Ohne ihr Engagement wäre die Weltwirtschaft kaum mehr lebenstüchtig. Die Verantwortung, die sich die Banken als Machtträgerinnen damit aufladen, soll nachstehend unter dem Blickwinkel der Moral angegangen werden. Hierbei sind zwei unterschiedliche Problemkreise zu beachten. Zum einen tragen die Banken als Marktpartner Verantwortung sowohl gegenüber dem Kapitalanleger wie auch gegenüber dem Kreditnehmer; zum anderen haben sie über ihre volkswirtschaftliche Verantwortlichkeit, namentlich gegenüber den nationalen Währungsbehörden, Rechenschaft abzulegen.

Während hinsichtlich der volkswirtschaftlich relevanten Konsequenzen der Euromarkt-Aktivitäten insbesondere Probleme der Devisenspekulation sowie der autonomen Geldschöpfung eine Rolle spielen, worauf wir an unterschiedlichen Stellen dieser Untersuchung näher eingehen, wollen wir nunmehr die Moral der Banken als Geschäftspartner untersuchen.

Geschäftsbanken regieren den Euromarkt
Entscheidendes Moment für jede international tätige Bank — und insofern unterscheidet sie sich keinesfalls von bloss national orientierten Banken — ist das Kreditrisiko. Eine Bank, die Eurogeld oder einen Eurokredit verleiht, muss überzeugt sein, dass der Schuldner den ihm gewährten Betrag bei Fälligkeit zurückzahlen wird. Doch zeichnet sich der Euromarkt zum einen dadurch aus, dass er über die wirtschaftliche Situation des jeweiligen Schuldners nur in unzureichendem Masse Informationen bereithält, zum anderen fehlt ihm das Element der dinglichen Sicherstellung. Dieses speziellen Risikos muss sich die Bank bewusst werden, will sie ihrer Verantwortung gegenüber dem Geldgeber gerecht werden. Sie ist verpflichtet, dem Bonitätskriterium des Schuldners das notwendige Augenmerk zu schenken.

Dieses Postulat einer verantwortungsbewussten Geschäftsmoral stellt sich um so mehr, als in den letzten paar Jahren zwei bedenkliche Entwicklungen am Euromarkt sichtbar geworden sind: Einerseits ist dem Euromarkt in einem solchen Ausmass (nicht zuletzt seitens der erdölexportierenden Staaten) Liquidität zugeflossen, dass von einem regelrechten Käufermarkt gesprochen werden kann; andererseits hat sich eine erhebliche Veränderung der Risikostruktur ergeben, da sich nämlich die Ausleihungen immer weniger an private Gesellschaften und vielmehr an Institutionen des öffentlichen Bereichs richten. Wollen die Geschäftsbanken demnach der moralischen Verpflichtung zur Aufrechterhaltung eines gesunden internationalen Finanzmarktes entsprechen, dürfen sie sich dem Anlagezwang nicht dadurch beugen, dass sie trotz mangelnder Information oder gar wider besseres Wissen Geldnehmer schlechter Bonität bedienen, auf die Gefahr hin, dass nicht nur die Kapitalgeber wegen eventueller Unfähigkeit des Schuldners zur Rückzahlung geschädigt werden, sondern das ganze labile System des Euromarktes über die ihm immanenten Verkettungen in Schwierigkeiten gerät.

Diese Vorsichtsmassnahme muss auch und gerade gegenüber den Entwicklungsländern gelten, die nach offizieller Aussage der BIZ teilweise erhebliche Schwierigkeiten bei der Erfüllung ihrer Schuldendienstverpflichtungen haben und bei denen daher die Gefahr eines allgemeinen Schuldenmoratoriums besteht. Aus dieser Überlegung heraus ist den im Euromarkt tätigen Banken kein Vorwurf zu machen, wenn sie sich weigern, einzelnen Entwicklungsländern weiterhin Kredite zu gewähren, weil deren Schuldenstand das vertretbare Mass überschritten hat. Der positive Einfluss der Eurobanken auf den Status der Entwicklungsländer wird im Jahresbericht 1977 der Bank für Internationalen Zahlungsausgleich folgendermassen gewürdigt: ,,Die Tatsache, dass sich die Banken in den letzten Jahren in erheblichem Masse in das internationale Finanzierungsgeschäft und insbesondere in die Kreditvergabe an die Entwicklungsländer eingeschaltet haben, hat sich per saldo in der Weltwirtschaft als Stabilisierungsfaktor erwiesen''. Diese positive Arbeit darf die multinational tätigen Banken jedoch nicht dazu verführen, zu ,,Gefangenen der Schuldnerländer'' zu werden − so die Mitte 1977 erstellte Studie einer Untersuchungskommission des US-Kongresses zum Thema ,,International Debt, the Banks and United States Foreign Policy''.

Indes wäre es ebenfalls mit moralischen Grundsätzen nicht ganz vereinbar, würden die Geschäftsbanken als die einzigen potenten internationalen Kreditgeber gerade den in ärgster Not befindlichen Entwicklungsländern ihre Hilfe mehr oder minder abrupt entziehen. Da weder der Internationale Währungsfonds (IMF) noch die Weltbank wegen ihrer begrenzten Mittel in der Lage sind, eine so entstandene Lücke zu schliessen, ist der Vorschlag einer Kooperation zwischen diesen offiziellen Institutionen und den Eurobanken positiv zu bewerten. Im Ergebnis würden beide Seiten und nicht zuletzt auch die Entwicklungsländer selbst profitieren: Die Mittel des IMF bzw. der Weltbank erführen durch die Kredite der Eurobanken eine wesentliche Steigerung; die Bank könnte sich auf die Auflagen abstützen, die die internationalen Organisationen den Empfängerländern auferlegen; schliesslich erhielten die bedürftigen Länder auch in Zukunft in ausreichendem Masse Finanzmittel, wenn auch zweifelsfrei zu (politisch-wirtschaftlich) härteren Konditionen als bei ausschliesslicher Kreditaufnahme auf dem Euromarkt.

Mit diesen Bemerkungen zur Stellung der Geschäftsbanken im Euromarkt, die sich auf den zentralen Aspekt der Mittlerstellung zwischen Geldnehmer und Geldgeber konzentrierten und diesen anhand des Verantwortlichkeitskriteriums beleuchteten, sei der Bereich der Geldanlage, worunter wir die kurz- und mittelfristige Kreditvergabe verstanden, abgeschlossen. Im folgenden wollen wir uns nun der langfristigen Kapitalanlage durch Banken und Finanzinstitute zuwenden.

Die Tücken langfristiger Kapitalanlagen
Bei den internationalen Kapitalanlagen der Geschäftsbanken ist der An- bzw. Verkauf von Obligationen unter ähnlichen Kriterien zu würdigen wie im Rahmen der grenzüberschreitenden Geldanlage. Die Probleme bleiben weitgehend dieselben, wenn auch in längerer Zeitdimension. Das Geschäft in internationalen Obligationen, die in den letzten Jahren eine etwa hälftige Aufteilung in klassische Auslandsanleihen und in die multinational begebenen Euro-Bonds erfahren, erstreckt sich für die Banken weitgehend auf die Lenkung des Sekundärmarktes, der im Euromarkt 1977 einen Umsatz von immerhin 90 Mrd. Dollar aufwies, und auf die Emission neuer Anleihen. Auch hier haben die Banken neben ihrer Verpflichtung zur volkswirtschaftlichen Rücksichtnahme Verantwortung gegenüber dem Kapitalanleger wie gegenüber dem Kreditnehmer zu tragen. Dies gilt auch dann, wenn der Eurobondmarkt mit einer Neubegebung von zuletzt (1978) 11,9 Mrd. Dollar und einem Gesamtvolumen von 63 Mrd. Dollar (Ende 1977) im Vergleich zum Eurogeldmarkt eher bescheidene Ausmasse aufweist. Auch im Bond-Geschäft sind die Banken zur Wahrung ihrer Geschäftsmoral darauf angewiesen, auf der einen Seite der Bonität des Schuldners das gebührende Augenmerk zu schenken und auf der anderen Seite eine allzu aggressive Preispolitik zulasten der Anleger, die sich aus abrupten Anpassungen an die jeweilige Geldmarktsituation ergibt, zu verhindern.

Im weiteren haben Geschäftsbanken, die angesichts niedriger Zinssätze und hoher Liquidität Eurobonds als Eigenanlage kaufen, zu bedenken, dass ein allfälliger Wiederverkauf wegen sich ändernder Konstellationen auf den Geld- und Kapitalmärkten zu erheblichen Kursstürzen im jeweiligen Bondsektor führen können. Es liegt auf der Hand, dass ein solches Verhalten, das der Verantwortung der Geschäftsbanken als Ordnungsträger im Bondmarkt diametral zuwiderliefe, keine moralische Rechtfertigung finden kann, werden nämlich dadurch sowohl die Kreditnehmer als auch die Anleger – beide auf die ausgleichende Mittlerposition der Banken vertrauend – in ihren Interessen geschädigt.

Im Vergleich zur Lage der Geschäftsbanken im Geldanlagegeschäft ist im Ergebnis jedoch festzustellen, dass sowohl der Macht wie auch der Moral im Zusammenhang mit der Anlage und Begebung langfristiger Obligationen im Prinzip nur eine untergeordnete Bedeutung zukommen. Zweifelsfrei positiv zu bewerten ist die Übernahme von Schuldtiteln kapitalbedürftiger Entwicklungsländer, die nur durch die Zwischenschaltung der Banken zu dem dringend benötigten Kapital aus privatwirtschaftlichen Quellen zu gelangen vermögen.

Der Erwerb ausländischer Aktien durch Geschäftsbanken hält sich in aller Regel in einer Grössenordnung, die weder Macht erzeugt noch zu moralischen Bedenken Anlass gibt. Zum einen handelt es sich um die Übernahme grosser Aktienpakete oder ganzer Unternehmen, wobei hinsichtlich Macht und Moral die gleichen Grundsätze zu gelten haben wie bei Privatinvestoren. Diesbezüglich ist jedoch im internationalen Bereich festzustellen, dass Geschäftsbanken kaum je nennenswerte Beteiligungen an Nichtbanken erwerben.

So weisen z. B. die Schweizer Banken in ihrer Gesamtheit lediglich für 826 Mio. Franken Beteiligungen an ausländischen Industrie-Unternehmungen aus, wobei der Grossteil hiervon auf die Texon-Anstalt in Vaduz, Liechtenstein, als Folge des Chiasso-Falles der Schweizerischen Kreditanstalt entfällt. Als Grund mag gelten, dass Banken im internationalen Bereich – und insoweit im Gegensatz zu ihren nationalen Aktivitäten – keine wirtschaftspolitische Funktion zu erfüllen, insbesondere keine Unternehmungen durch Eigenkapitalzufuhr vor dem Zusammenbruch zu retten haben.

Im weiteren erstreckt sich die Anlage in ausländischen Aktien auf der Gründung im Ausland domizilierter Tochtergesellschaften bzw. auf den Erwerb oder die Beteiligung an einer bereits bestehenden ausländischen Bank. Ob sich aus solchen Kapitalanlagen Implikationen im Blick auf Macht und Moral ergeben, ist erst anhand der Tätigkeit der ausländischen Filialunternehmen ablesbar. Jedenfalls dürfte feststehen, dass Auslandsniederlassungen bzw. ausländische Tochtergesellschaften im Gastland selbst kaum als Machtfaktor anzusehen sind. So macht das Bilanztotal der ausländisch beherrschten Banken und der Filialen ausländischer Banken in der extrem international orientierten Schweiz mit 42,5 Mrd. Franken nur rund 12 Prozent des Bilanzsummentotals aller Banken aus, wobei zudem noch bei dieser Bankengruppe der Auslandsanteil an den Aktiven 77 Prozent und bei den Passiven 55 Prozent erfasst. Unter moralischen Gesichtspunkten sind solche Auslandsanlagen jedoch in ihrem internationalen Bezug von Interesse. Beteiligungen an ausländischen Banken können nämlich zur Umgehung nationaler Vorschriften im währungs- und kreditpolitischen Bereich genutzt werden.

Die Investitionen von Geschäftsbanken in ausländischen Sachanlagen wie Gebäuden und Grundstücken nehmen in jüngerer Zeit — nicht zuletzt im Hinblick auf die Errichtung eigener Filialen und Tochtergesellschaften im Ausland — zwar zu, erreichen indes kein Ausmass, das irgendwie mit Macht verknüpft werden könnte.

Gentlemen's Agreements — in der Schweiz stete Realität
Im Verhältnis der Geschäftsbanken zu Macht und Moral darf das Phänomen der „moral suasion" nicht unerwähnt bleiben. Hierbei handelt es sich — im internationalen Rahmen — um Appelle, die die Notenbank an die Geschäftsbanken richtet, oder um Absprachen (Vereinbarungen, Gentlemen's Agreements), die sie mit diesen trifft, um insbesondere währungspolitische Anliegen zu realisieren, zu deren einseitig staatlichen Durchsetzung geeignete rechtliche Grundlagen fehlen. Für die Schweiz bildeten solche Vereinbarungen eine sehr notwendige Ergänzung zum Notenbankgesetz aus dem Jahre 1953, welches den modernen Entwicklungen im internationalen Kapitalverkehr keinesfalls mehr gewachsen war und dringlich der Revision bedurfte.

Als wesentliche Absprachen zwischen Nationalbank und Geschäftsbanken, die sich auf den internationalen Kapitalfluss richten und heute noch in Kraft stehen, seien genannt das Gentlemen's Agreement betreffend die Meldung von Devisentransaktionen vom 20. März 1975, das Gentlemen's Agreement betreffend Währungsmassnahmen vom 15. Juni 1976, in welchem sich die Geschäftsbanken vorab verpflichten, keine gegen den Franken gerichteten Spekulationsgeschäfte einzugehen und schliesslich die Vereinbarung über die Sorgfaltspflicht bei der Entgegennahme von Geldern und die Handhabung des Bankgeheimnisses vom 2. Juni 1977.

Die Erfahrungen, die mit solchen Appellen und Gentlemen's Agreements in der Vergangenheit gemacht wurden, fielen recht unterschiedlich aus, wobei die Moral den Geschäftsinteressen häufig unterlegen war. Der solchen Vereinbarungen anhaftende Mangel besteht einerseits in den zum Teil fehlenden Sanktionsmöglichkeiten, andererseits in der unzureichenden Kontrollierbarkeit. Daher verbleibt den Geschäftsbanken auch trotz Absprachen mit der Notenbank ein erheblicher Spielraum offen, innerhalb dessen sie nach eigenem Gutdünken unabhängig handeln können.

Nicht zuletzt deshalb werden in zahlreichen Ländern, wozu namentlich auch die Schweiz gehört, erhebliche Anstrengungen unternommen, das Instrument der „moral suasion" aus dem vertraglichen Sektor herauszulösen und in gesetzliche Anordnungen zu überführen. Als Ergebnis lässt sich indes festhalten, dass die Geschäftsbanken im Zuge der „moral suasion" wesentliche Einschränkungen eingegangen sind und damit einen unter moralischem Aspekt positiv zu bewertenden Beitrag zur Lösung von Währungs- und Devisenproblemen in diesem Jahrzehnt geleistet haben.

522 Die Notenbanken als internationale Kapitalanleger

Auf den ersten Blick erscheint es erstaunlich, dass die Notenbanken mit ihren internationalen Tätigkeiten in eine Untersuchung über Macht und Moral internationaler Geld- und Kapitalanleger einbezogen werden. Die Erklärung findet sich indes bei einem Blick auf den Wandel, der sich in der Struktur wesentlicher, international ausgerichteter Bereiche der Notenbankpolitik in den letzten Jahrzehnten vollzogen hat. Im Zeitalter des Goldstandards, in dem die vornehmste Aufgabe der Notenbank darin bestand, für eine möglichst hohe Deckung ihrer Währung durch Goldbestände zu sorgen, hätten Überlegungen über die Macht und die Moral der Notenbanken im internationalen Wirtschaftsgeschehen keine Berechtigung gefunden. Die Notenbankpolitik hatte selbst kaum Möglichkeiten, in den internationalen Kapitalstrom einzugreifen, und musste sich darauf beschränken, in Reaktion auf die jeweiligen Goldzu- bzw. -abflüsse die binnenstaatliche Geldversorgung anzupassen.

Nach dem Zusammenbruch des Gold-Standard-Systems, verursacht durch die enorme Geldschöpfung zum Zwecke der Kriegsfinanzierung während des Ersten Weltkrieges, und mit dem Aufkommen des Gold-Devisen-Standards im Verlaufe der zwanziger Jahre, der in seiner praktischen Ausgestaltung weitestgehend ein Gold-Dollar-Standard war, ergaben sich für die nationalen Notenbanken, die nun nur noch in verringertem Masse oder gar nicht mehr an das Gold als inländisches Deckungsmedium gebunden waren, ganz neue Spielräume im internationalen Kapitalverkehr. Doch erst mit der offiziellen Abschaffung der Goldeintauschpflicht für die US-amerikanische Federal Reserve Bank und der damit verbundenen weltweiten Einführung flexibler Wechselkurse, mit der allmählichen Demonetisierung des Goldes und dem – paradoxerweise – gewaltig vermehrten Einsatz des Dollar als offizielles Transaktionsmittel im Verkehr zwischen den Notenbanken und auf den internationalen Devisenmärkten sind kritische Betrachtungen über die Rolle der Notenbanken als internationale Geld- und Kapitalanleger durchaus angemessen und notwendig.

Das Ende von Bretton Woods und seine Folgen
Diese Neuorientierung in der Betrachtungsweise resultiert vor allem aus dem Umstand, dass die Notenbanken zur Zeit des Goldstandards ihre Währungsreserven nahezu ausschliesslich in Gold unterhielten, während bereits unter dem Gold-Dollar-Standard der US-Dollar gleichsam als offizielles Währungsmedium neben das Gold trat. Seit aber die Vereinigten Staaten von Amerika die Konversionspflicht von US-Dollar in Gold im offiziellen Verkehr zwischen den Nationalbanken im August 1971 aufgehoben haben – dies als Folge einer Flucht aus dem Dollar, die innerhalb einer Woche auf 3,7 Mrd. Dollar anwuchs –, ist der Gold-Dollar-Standard praktisch zu einer Fiktion geworden, der ab Frühjahr 1973 die weltweite Einführung flexibler Wechselkurse als unmittelbare Konsequenz folgte.

Dieser Schritt der Vereinigten Staaten, der gleichbedeutend mit dem Ende des aus dem Jahre 1944 stammenden Systems von Bretton Woods ist, und die daran anschliessende Aufhebung der Dollarparitäten durch die wichtigsten nichtamerikanischen Notenbanken erforderten eine grundlegende Neuorientierung der Währungsreservepolitik. Dies führte insbesondere aber auch dazu, dass die Notenbanken in der Folgezeit in zum Teil massivem Umfange auf den internationalen Finanzmärkten sowohl als Kreditnehmer wie auch als Anleger auftraten.

Die im zwischenstaatlichen Bereich nach wie vor grosse Bedeutung des Währungsgoldes hat sich nach der markanten Erhöhung der Preise an den privaten Goldmärkten von zuletzt offiziellen 42,22 Dollar pro Unze auf heute rund 400 Dollar und angesichts des steten Wertzerfalls der US-Währung wie auch anderer weicher europäischer Währungen noch erheblich verstärkt. Deutlicher Beweis hierfür ist der 2 Mrd. Dollar-Kredit der Deutschen Bundesbank an Italien vom September

1974, für welchen dieses Land eine entsprechende Menge Währungsgold zum damaligen Marktpreis von 120 Dollar pro Unze als Pfand hinterlegen musste. Trotzdem sahen sich die Notenbanken gezwungen, einen grossen Teil — die meisten Notenbanken sogar den grössten Teil — ihrer Währungsreserven nunmehr in Devisen, d. h. in Guthaben bei ausländischen Banken oder Regierungsstellen, zu unterhalten. Eine Zahlengegenüberstellung möge den seit 1970 deutlich erkennbaren Trend belegen. Während im Gesamtgefüge der internationalen Währungsreserven 1970 einem Goldbestand von 37 Mrd. Dollar Devisen in Höhe von 45,4 Mrd. Dollar gegenüberstanden, haben sich die Relationen bis Ende 1977 merklich verändert. Einem nur unbedeutenden, zum Teil auch durch Höherbewertungen bewirkten Anstieg der Goldreserven auf 43 Mrd. Dollar entsprechen zum gleichen Zeitpunkt Devisenreserven von nicht weniger als 242,8 Mrd. Dollar. Damit sind die Notenbanken sozusagen zwangsläufig zu internationalen Geldanlegern geworden, sofern sie ihre Devisenbestände nicht gänzlich unnütz horten wollen. Darüberhinaus betätigen sich die Notenbanken aber auch auf rein freiwilliger Basis als internationale Geld- und Kapitalanleger, indem sie beispielsweise Kollegialinstituten im Ausland mittelfristige Währungs- bzw. Beistandskredite gewähren, um diesen bei der Lösung von Zahlungsbilanzproblemen behilflich zu sein, oder auch internationalen Organisationen, insbesondere solchen der Entwicklungshilfe, durch bi- oder multilaterale Vereinbarungen bedeutende Beträge zur Verfügung stellen.

Es liegt auf der Hand, dass ein Total der Devisenreserven von heute über 250 Mrd. Dollar ein ungeheures Machtpotential in den Händen der daran beteiligten Notenbanken aufbaut. Diese Aussage gilt um so mehr anlässlich eines Blickes auf die Verteilung der Devisenreserven. Ende 1976 betrugen die internationalen Devisenreserven gesamthaft 160,3 Mrd. Dollar. Davon entfielen allein auf die Bundesrepublik Deutschland etwa 25 Mrd. Dollar, auf die Schweiz 8 Mrd. Dollar und auf Japan 13 Mrd. Dollar; der Löwenanteil indes befand sich im Besitze der OPEC-Länder: 55 Mrd. Dollar. Diese Tendenz dürfte seitdem angehalten und sich mit Bezug auf die OPEC-Staaten sogar noch verstärkt haben. Die Machtkonzentration, die sich aus einer solchen Ungleichverteilung ergibt, rückt auch den Machtmissbrauch in greifbare Nähe und regt daher zu Überlegungen unter dem Blickwinkel der Moral an.

Notenbankkredite immer wichtiger
Solange die internationalen Geldanlagen von Notenbanken bei offiziellen Stellen im Ausland vorgenommen werden, ergeben sich für die Empfängerländer kaum Probleme, weil es in ihrem eigenen Ermessen steht, die Zustimmung zu solchen Anlagen zu gewähren oder auch zu verweigern. Es kann jedoch kein Zweifel daran bestehen, dass die Mehrzahl der Empfängerstaaten, für die diese Anlagen kurz- oder mittelfristige Kredite bedeuten, nur zu gern zu ihrer Aufnahme bereit sind, dienen sie doch als wesentliches Mittel zum Zahlungsbilanzausgleich wie auch zur Verteidigung weicher Währungen. Die Schwachwährungs-Länder sind auf die kurzfristigen Hilfeleistungen der Staaten mit prallen Reservepolstern notwendig angewiesen – nicht zuletzt zur Vermeidung bzw. zur Bekämpfung von Währungsspekulationen. Diese Notwendigkeit beweisen nicht nur die zahlreichen stand-by-credits und Swap-Arrangements im Rahmen des Internationalen Währungsfonds, sondern auch die Tatsache, dass das neue Europäische Währungssystem, das erst Anfang 1979 in Kraft getreten ist, ein Kreditnetz von stattlichen 25 Mrd. Ecu (Europäische Währungseinheiten, etwa 55 Mrd. Franken) aufweist.

Die Vereinigten Staaten sind offenbar bereit, jede Menge auf US-Dollar lautende Währungsreserven anderer Notenbanken entgegenzunehmen. Hierfür gibt es eine doppelte Begründung. Zum einen verfügen die USA über einen riesigen Binnenmarkt; zum anderen müssen sie für die Rückzahlung und Verzinsung lediglich US-Dollar aus der eigenen Notenpresse hergeben. So ist nicht verwunderlich, dass von den 1977 um 55,6 Mrd. Dollar zugenommenen offiziellen Devisenreserven allein 34,1 Mrd. Dollar zur Aufstockung von in den USA gehaltenen Dollarreserven verwendet wurden. Demgegenüber tauchen bei den nichtamerikanischen Notenbanken Bedenken auf, die vor allem im Hinblick auf die Exportabhängigkeit der nichtamerikanischen Industrieländer und in bezug auf die Entwicklung der Wechselkurse sehr bedeutsam werden können.

Für die Notenbank eines Hartwährungslandes, das ohnehin schon über Devisenbestände in überreichlichem Ausmass verfügt, wäre es geradezu zweckwidrig, zusätzliche Beträge in abwertungsgefährdeten Währungen hereinzunehmen, die zudem noch verzinst werden müssten. Der Notenbank eines Weichwährungslandes dagegen werden kaum – abgesehen von bilateralen und multilateralen Vereinbarungen – Devisen in harter Währung angeboten werden. Aus diesen Gründen kommen offizielle Dollaranlagen der Notenbanken – und der US-Dollar ist nun einmal die Transaktions- und Reservewährung der westlichen Welt – praktisch nur in den Vereinigten Staaten in Betracht.

Während bis vor wenigen Jahren der US-Dollar unangefochten die einzige Reservewährung neben dem Gold darstellte, mehren sich in jüngerer Zeit und besonders seit dem massiven Kursverfall des US-Dollar indes die Bestrebungen der Notenbanken, Währungsreserven auf der Basis von Hartwährungen wie der DM oder des Schweizerfrankens – der Dollar selbst ist eine solche nicht mehr – anzulegen, um möglichen weiteren Kursverlusten des US-Dollar zu entgehen. Solchen Tendenzen treten die Notenbanken der Hartwährungsländer zu Recht mit Bedenken gegenüber, weil sie befürchten, dass die zur Bildung von Reserven benötigten Hartwährungen zunächst gegen die Hingabe von US-Dollar an den freien Märkten erworben werden müssten. Dies aber hätte einen weiteren Anstieg der Wechselkurse für die Hartwährungen zur Folge, was die Wettbewerbsfähigkeit der Hartwährungsländer zusätzlich beeinträchtigen würde. Dieser Abwehrhaltung der Hartwährungsländer muss mit Verständnis begegnet werden, denn es dürfte kaum ein Zweifel daran bestehen, dass das leistungswirtschaftliche Rückgrat beispielsweise der DM oder des Schweizerfrankens nicht ausreicht, um diese Währungen tatsächlich zu einem US-Dollar spürbar entlastenden Reservemedium zu machen.

Der Status einer Reservewährung kann nur insoweit übernommen werden, als er zur normalen Abwicklung vertragsmässig eingegangener Interventionspflichten, etwa im Rahmen des Europäischen Währungssystems (EWS), benötigt wird.

Es ist indes bekannt, dass sich die internationalen Geld- und Kapitalanlagen der Notenbanken keineswegs auf offizielle Institutionen beschränken. Hierfür sind namentlich zwei Gründe massgebend: Zum einen können für Anlagen an den freien Märkten in der Regel höhere Zinsen erzielt werden als im Verkehr mit offiziellen Stellen. Zum anderen lassen sich auf diesem Wege Hartwährungsreserven bilden, die von den Notenbanken der Hartwährungsländer ansonsten nicht akzeptiert würden. So sind insbesondere die über hohe Devisenüberschüsse verfügenden Notenbanken der erdölexportierenden Staaten an den Euromärkten recht aktiv. Es ist anzunehmen, dass die von Ölexportländern in den Jahren 1975 bis 1977 auf dem Euromarkt angelegten

133,8 Mrd. Dollar in fast ausschliesslichem Umfange von den dortigen Notenbanken stammen. Demgegenüber haben die Zentralbanken der zum Zehner-Club gehörenden Staaten in einer Vereinbarung aus dem Jahre 1971 ausdrücklich auf die Neuanlage von Kapital auf dem Euromarkt verzichtet.

Es sind die Höhe der erstrebten Zinsen und die Auswahl der Anlage, insbesondere aber die Form der internationalen Geld- und Kapitalanlage durch Notenbanken, die kritischer Wertung bedürfen. Die Notenbanken sind kraft ihres gesetzlichen Auftrages in keiner Weise zur Gewinnerzielung oder gar Gewinnmaximierung verpflichtet. Worauf die Notenbanken im Interesse der jeweiligen Volkswirtschaft bei ihren Anlagen im internationalen Raum in erster Linie zu achten haben, ist vielmehr die Sicherheit ihrer Währungsreserven. Diese Selbstverständlichkeit darf jedoch nicht dazu führen, dass die „reichen" Notenbanken auf gefährdete, aber aus der Sicht eines gesunden Weltwirtschafts- und -währungssystems erforderliche Hilfestellungen an weniger sorgenfreie Kollegialinstitute oder internationale Organisationen grundsätzlich verzichten.

Insoweit finden die nun schon seit Jahren anhaltenden Abwertungsverluste der Deutschen Bundesbank wie auch der Währungsverlust der Schweizerischen Nationalbank in 1978 durchaus ihre Berechtigung. Dabei kann es aber nicht als Verstoss gegen die Moral angesehen werden, wenn die „gebenden" Notenbanken daran Bedingungen knüpfen, die einen Beitrag an die Gesundung der aussenwirtschaftlichen Situation des Empfängerstaates leisten.

Im Zusammenhang von Macht und Moral im Anlageverhalten der Notenbanken bedürfen schliesslich noch zwei Fragen näherer Beleuchtung. Es stellt sich nämlich zum einen das Problem, ob Anlagen von Notenbanken im zwischenstaatlichen Bereich überhaupt eine Verzinsung erfahren dürfen, und zum anderen bleibt zu untersuchen, wie die von Notenbanken zur Anlage benutzten Währungen in ihrer Auswahl zu beurteilen sind.

Zinsen gerechtfertigt?
Was die Höhe der Zinsen für internationale Anlagen der Notenbanken anbetrifft, so ist in der Tat zu fragen, ob eine Verzinsung derartiger Anlagen überhaupt vertretbar ist, wenn man sich vor Augen hält, dass bei der früher üblichen Reservehaltung in Gold selbstredend keinerlei Zinsen anfielen. Diese Frage ist in Anbetracht der veränderten weltwirt-

schaftlichen Bedingungen, die neben den bedeutenden währungspolitischen Neuerungen wie dem Übergang zum Floating insbesondere auch die seit Jahren anhaltenden Zahlungsbilanzungleichgewichte erfassen, unter moralischen wie auch wirtschaftlichen Aspekten durchaus bejahend zu beantworten.

Die Notenbanken erhalten ihre Währungsreserven – abgesehen von Sonderziehungsrechten und allfälligen Reservepositionen im Rahmen des Internationalen Währungsfonds – nicht geschenkt, sondern erwerben diese durch die Hingabe ihrer eigenen nationalen Währung im Zuge des Zahlungsbilanzausgleichs. Die Anhäufung von Währungsreserven wird jedoch immer erst ermöglicht durch besondere, den internationalen Durchschnitt übersteigende Leistungen der eigenen Volkswirtschaft. Selbstverständlich gibt es neben den durch güterwirtschaftliche Leistungen erzielten Überschüssen auch solche aus Flucht- und Spekulationsgeldern. So sehr diese auch – aus dem Blickwinkel der von den Kapitalabflüssen betroffenen Länder – gegebenenfalls dem Makel der Unmoral unterliegen mögen, so sind sie dennoch Ausdruck des Vertrauens in die Leistungskraft und damit Anerkennung der erbrachten wirtschaftlichen Leistung des Empfängerstaates. Dies hat zur Konsequenz, dass die Notenbank die ihr zufliessenden Reserven gleich einem nationalen Treuhänder zu verwalten hat, damit bei einer eventuellen Umkehr im Zahlungsbilanzgeschehen die angesammelten Reserven in ungeschmälertem Umfange für die eigene Volkswirtschaft eingesetzt werden können.

In Zeiten des Gold-Standards war diese Aufgabe im Grunde nicht mit besonderen Problemen behaftet, weil die zugeflossene Menge Gold in ihrem Werte – bezogen auf die international gültigen Eintauschrelationen – stabil blieb und bei Bedarf in voller Höhe und trotz gegebenenfalls langjähriger Reservehaltung ohne Einbusse im Tauschwert wieder abgegeben werden konnte. Seitdem sich jedoch die Reservehaltung in starkem Masse oder fast ausschliesslich auf die Ansammlung von Devisen beschränkt, ist die blosse Bewahrung des in ausländischer Währung zugeflossenen Betrages nicht mehr ausreichend.

Vielmehr erweist es sich als von entscheidender Bedeutung, die internationale Kaufkraft dieses Devisenbetrages in die Betrachtungen einzubeziehen. Wenn die Kaufkraft der ausländischen Währung sinkt, da sie permanentem Abwertungsdruck ausgesetzt ist, so ist es durchaus berechtigt und moralisch vertretbar, dass die Notenbank für Anlagen in dieser Währung Zinsen in Höhe des zu erwartenden Kaufkraftschwundes fordert. Würde die Notenbank eine geringere Verzinsung verlangen, so ergäbe sich aus der Differenz zwischen den auf den Devisenbeständen erlittenen Abwertungsverlusten und der zu niedrigen Verzinsung ein Substanzverlust, der von der die Devisen entgegennehmenden Volkswirtschaft zu verkraften wäre. Sie wäre es, die für die Ursachen, die im abwertenden Staat zu suchen sind, die Zeche zu zahlen hätte. Die Schädigung, die die empfangende Volkswirtschaft dadurch erleidet, kann erhebliche Ausmasse annehmen, und daher handelt die Notenbank eines Hartwährungslandes durchaus moralisch, wenn sie ein zinsmässiges Äquivalent für den eingetretenen Kaufkraftschwund fordert.

Als Beispiel für einen Staat, der keine genügende Sicherung für seine Devisen fand, sei Indien genannt, das zeitweilig – weil immer noch wirtschaftlich in starkem Masse von der ehemaligen Kolonialmacht abhängig – seine Währungsreserven in britischen Pfunden anlegte und durch den enormen Kursverfall dieser Währung erhebliche Verluste hinnehmen musste. Doch auch auf den Dollar mussten, soweit ihn die Notenbanken als globale Leit- und Reservewährung einsetzten, massive Verluste hingenommen werden, obwohl die „reichen" Notenbanken bei Ausleihungen von Dollar an devisenschwache Kollegialinstitute hohe Zinsen vereinbarten. Dies bewiesen die enormen Abschreibungen, die beispielsweise die Deutsche Bundesbank – so 7,9 Mrd. DM bzw. 10,6 Mrd. DM für die Jahre 1977 und 1978 – und die Schweizerische Nationalbank – 4,4 Mrd. Franken im Jahre 1978 – auf ihre Fremdwährungs- und damit vornehmlich Dollarreserven im Interesse der Einhaltung der Bewertungsvorschriften vornehmen mussten.

Anlagen auf dem Euromarkt – ein Tabu?
Das Streben der Notenbanken, ihre Währungsreserven vor Wertverlusten nach Möglichkeit zu schützen, hatte zur Folge, dass die Notenbanken ähnlich wie normale Geschäftsbanken oder multinationale Unternehmungen alle Formen der internationalen Kapitalanlage auszuschöpfen trachteten und daher ihre Geldanlagen nicht nur auf offizielle Stellen – so namentlich Kollegialinstitute – beschränkten. Deshalb wurden auch mit privaten Institutionen Geschäftsbeziehungen angeknüpft, wobei allerdings in aller Regel nur erstklassige Geschäftsbanken, insbesondere Grossbanken, in Betracht kamen, denen Notenbankgelder zum Teil via Euromarkt und zum Teil auch als Direkteinlagen anver-

traut wurden. Als besonders bedenklich erwies sich der Umstand, dass Notenbanken auch auf dem ohnehin schon genügend labilen und unkontrollierbaren Euromarkt aktiv wurden und dies zum Teil – so namentlich die Zentralbanken der Erdölstaaten – bis auf den heutigen Tag blieben.

Mit solchen Anlagen von Währungsreserven in privaten Kanälen ist es nämlich für eine Notenbank im Prinzip möglich, einseitig die Währungspolitik einer anderen Notenbank zu untergraben und damit auch deren geld- und kreditpolitisches Binnenwirtschaftskonzept zu stören.

Es bedarf keiner näheren Erläuterung, dass eine Notenbank dergestalt gegenüber einer fremden Währung Macht ausüben kann, die unter moralischen Aspekten recht zweifelhafter Natur ist. Falls beispielsweise eine Notenbank – durch eigenes Handeln oder über zwischengeschaltete Kreditinstitute – in Luxemburg ein auf Schweizerfranken lautendes Fremdwährungskonto eröffnet und dort Guthaben ansammelt, so wird die Schweizerische Nationalbank hierüber weder informiert noch ist bei ihr eine Genehmigung einzuholen. Die schweizerische Notenbank hat in einem derartigen Falle also keinesfalls die Macht, die Bildung von Schweizerfrankenkonten im Ausland zu verhindern oder gar ihrer Jurisdiktion zu unterwerfen.

Gleichermassen sind Nationalbanken, die über reiche Devisenbestände verfügen, ohne Schwierigkeiten in der Lage, via Euromarkt Spekulationsbewegungen ungeheuren Ausmasses auszulösen oder zu unterstützen. Es darf angenommen werden, dass einzelne westliche Notenbanken während der ersten Währungsunruhen Ende der sechziger Jahre an dem damaligen Geschehen wesentlich beteiligt waren, und auch in den Spekulationsbewegungen im Anschluss an den Erdölschock vom Herbst 1973 dürften Notenbanken ihre Hand im Spiele gehabt haben.

Waren es anfänglich noch die reichen Industriestaaten, die sich in der Euromarkt-Anlage übten, so sorgten nach 1973 vornehmlich die Ölscheichs für Unruhe. Doch sie alle haben rasch erkannt, dass offizielle Spekulationen nur zu weltweitem Schaden führen und daher moralisch nicht zu verantworten sind. Daher haben sie sich heute weitgehend aus diesem Geschäft zurückgezogen, oder zumindest verzichten sie auf eine aggressive, d. h. Unruhe stiftende Anlagepolitik.

Es liegt auf der Hand, dass die Notenbanken der Hartwährungsländer Prozessen wie den vorstehend beschriebenen kein ausreichendes Verteidigungsdispositiv entgegenzustellen haben. Sie sind mit dieser Art von internationaler Reservebildung, die ihre jeweilige Währung neben dem nach wie vor den Ton angebenden Dollar zur internationalen Leit- und Reservewährung aufsteigen lässt, allein schon angesichts der beschränkten Wirtschaftskraft dieser Länder wie der Schweiz, der Bundesrepublik Deutschland oder Japan, weit überfordert.

Aus den genannten Gründen müssen die Notenbanken, und zwar insbesondere jene der Hartwährungsländer, auf die Einhaltung eines Wohlverhaltenskodex vertrauen, der die übermässige Bildung von Devisenreserven ohne Zustimmung der davon betroffenen Notenbank verpönt. Eine Abweichung von diesem Kodex müsste zweifelsohne als unmoralisch angesehen werden. In den letzten Jahren ist jedoch zwischen den wichtigen westlichen Zentralbanken eine immer enger werdende Kooperation – man denke nur an das Europäische Währungssystem – feststellbar, so dass allein schon aus dieser Zusammenarbeit die Gewährleistung eines moralisch vertretbaren Verhaltens der einzelnen Notenbanken erfolgen sollte. Eine erste wesentliche Vereinbarung wurde diesbezüglich bereits Anfang der siebziger Jahre geschlossen, als nämlich die Notenbanken der wichtigsten Industriestaaten übereinkamen, auf Anlagen am Euromarkt im Grundsatz zu verzichten.

Im Gegensatz zu manchen Geldanlagen der Notenbanken sind deren Kapitalanlagen, die also mittel- bis langfristig ausgerichtet sind, nahezu ausschliesslich auf solche an Kollegialinstitute beschränkt. Es handelt sich dabei zum einen um Beistandskredite, die häufig gemeinsam von mehreren Notenbanken gewährt werden, und zum andern um bilaterale Hilfsaktionen, bei denen zusätzlich zu den in den letzten Jahren immer grössere Bedeutung erlangenden, in der Macht der Kapitalgeber begründeten wirtschaftlichen Auflagen, die der Sanierung von Währung und Zahlungsbilanz des kreditnehmenden Staates dienen sollen, besondere Abmachungen treten. So gewährte z. B. die Bundesrepublik Deutschland Italien 1974 nur unter der Bedingung einen Milliardenkredit, dass Gold als Sicherheitsleistung verpfändet wurde.

Gemeinsam ist solchen Hilfsbestrebungen – von moralischer Warte gesehen – ihr positiver Wert, da hierdurch die internationale Solidarität der Staaten unterstrichen wird. Die Macht, die in ihrem Rahmen gelegentlich ausgeübt wird, ist gleichsam Instrument zur Förderung der internationalen Moral, indem binnenwirtschaftliche Kräfte soweit zurückgeschraubt werden, als sie mit der Stellung des jeweilig betroffenen

Staates in der internationalen Staatengemeinschaft unvereinbar sind. Jeder Staat muss gemäss seinen Verhältnissen leben. Es ist das gute Recht der hilfeleistenden Notenbanken, den empfangenden Staat auf dieses grundlegende, die internationalen Kapitalbeziehungen beherrschende Ordnungsmoment zurückzuführen.

523 Die Anlagefondsgesellschaften als internationale Kapitalvermittler

Die Anlagefondsgesellschaften, auch Investment-Trusts genannt, stehen — gleich ob auf bloss nationaler oder auf internationaler Ebene — Macht und Moral in zweifacher Weise gegenüber. Zum einen handelt es sich um das Verhältnis der Anlagefondsgesellschaften zu ihren Kapitalgebern, und zum andern gilt es, die Beziehungen zu den Kapitalnehmern zu beleuchten.

Im Verhältnis zwischen dem Anlagefonds und seinen Kapitalgebern ist die Machtfülle der meisten Anlagefonds — und hier sind insbesondere die sogenannten „open-end-funds" anvisiert — gegenüber den Kapitalgebern meist wesentlich geringer einzustufen als jene der Kapitalgeber gegenüber dem Anlagefonds. Die Begründung ergibt sich aus dem Umstand, dass ein Anlagefonds nicht nur von den Zertifikatzeichnern kein weiteres Kapital, so vor allem Nachschüsse, einfordern kann, sondern vielmehr auch in aller Regel verpflichtet ist, die emittierten Zertifikate jederzeit mit einem mässigen Abschlag auf den laufend ermittelten Ausgabekurs zurückzukaufen. Diese Regelung gibt dem Kapitalgeber die Möglichkeit, bei unbefriedigender oder gar zweifelhafter Geschäftsführung durch die Fondsleitung seinen Unwillen durch die Rückgabe ihrer Zertifikate zu demonstrieren. Hierdurch erlangen die Kapitalgeber eine zwar nicht entscheidende, aber doch einflussreiche Machtposition, die in aller Regel ein moralisch einwandfreies Verhalten der Fondsleitung sicherstellen sollte.

Während bei den open-end-funds, die auf dauerhaften Bestand ausgerichtet sind, die Geschäftsführung allein bereits aufgrund der dargelegten Zusammenhänge einer moralischen Grundwerten verpflichteten Geschäftsmaxime zu folgen hat, besteht diese sichernde Verknüpfung für Anlagefondsgesellschaften, deren Ziele lediglich die Spekulation oder gar betrugsähnliche Machenschaften sind, natürlich nicht. Solche Fonds, die seit Mitte der sechziger Jahre einen bisweilen kometenhaften

Aufstieg und ebenso raschen und heftigen Fall erlebten und deren erstes Ziel ist, die Fondsleitung zum Nachteil der Kapitalanleger zu begünstigen, mögen möglicherweise auf längere Sicht hin eine Rückzahlung des eingezahlten Kapitals versprechen; es darf jedoch in den wenigsten Fällen angenommen werden, dass dieses Versprechen eines Tages auch tatsächlich eingelöst werden wird.

Ein beredtes, bereits an anderer Stelle erwähntes Beispiel für solches unmoralisches Verhalten von Anlagefondsgesellschaften lieferten seinerzeit die IOS-Fonds, für die – ganz gemäss der Intention ihrer leitenden Manager – die gigantische Bereicherung der für die Geschäftsführung verantwortlichen Person ganz eindeutig im Vordergrund des Interesses stand. Allerdings sorgten die verschärften Bestimmungen für die Börsenzulassung von Anlagefonds in jüngerer Zeit dafür, dass zumindest an den europäischen Hauptbörsenplätzen die Emission dubioser Anlagefonds-Zertifikate weitgehend unterbunden werden konnte.

Andere Kriterien zum Zwecke macht- und moralpolitischer Beurteilung bestehen im Verhältnis zwischen den Anlagefondsgesellschaften und den Kapitalnehmern, denjenigen Personen und Institutionen also, bei denen die in den Anlagefonds eingezahlten Beträge Anlage suchen. Hier steht es allein in der Macht der Anlagefondsgesellschaften, in welchen Ländern und in welchen Typen von Unternehmen sie ihre Anlagen vornehmen wollen – soweit nicht bereits die Statuten eine entsprechende Beschränkung zwingend vorschreiben. Daher besitzen die Geschäftsführungen von Anlagefonds diese Verfügungsmacht in aller Regel nur in begrenztem Rahmen, denn die Statuten dieser Gesellschaften stecken meist ein recht eng umgrenztes Betätigungsfeld ab. So dürfen in Fonds, die ihr Kapital in Aktien anlegen, in der überwiegenden Zahl der Fälle nur jeweils maximal 5 Prozent des Aktienkapitals eines bestimmten Unternehmens erworben werden. Ähnliche Sicherheitsvorkehrungen gelten hinsichtlich der Immobilienfonds für den Ankauf von Gebäuden und Grundstücken, da nämlich hier der Grundgedanke einer breiten Risikostreuung ins Zentrum der Überlegungen zu stellen ist. Die Anlagefondsgesellschaften sollen sich – und damit stehen sie im Gegensatz zu den Finanzierungsgesellschaften – bei der Anlage ihrer Mittel nicht auf eines oder wenige Projekte konzentrieren; sie sollen vielmehr im Rahmen des ihnen statutarisch vorgegebenen Zweckes eine breitgestreute Auswahl unter der Vielzahl günstiger Anlagemöglichkeiten treffen und zu möglichst ertragreicher Anlage nutzen.

Das Problem, dem sich international operierende Anlagefonds konfrontiert sehen, besteht in der sicheren Anlage ihrer Gelder. Sie haben dieses ihnen von Privatleuten gegebene Kapital nach bestem Wissen und Gewissen zu verwalten und zu mehren. Doch ist das Geschäft über die Grenzen hinweg wegen der unzureichenden Kommunikationsbedingungen, der unterschiedlichen wirtschaftlichen, politischen, sozialen und rechtlichen Gegebenheiten und der Unwägbarkeiten schwankender Wechselkurse mit etwelchen Risiken verknüpft. Der Anleger vertraut darauf, dass die Fondsleitung den besonderen Risiken entsprechend mit der notwendigen Sorgfalt handelt. Da der Einzelanleger selbst keinesfalls in der Lage ist, die relevanten internationalen Daten zu sehen und in ihren Zusammenhängen zu deuten, schenkt er der Fondsleitung ein überaus hohes Mass an Vertrauen. Dieses Vertrauen auch zu rechtfertigen, ist die moralische Pflicht der geschäftsleitenden Persönlichkeiten. Daher ist von ihnen zu erwarten, dass sie die internationalen Anlagefaktoren mit grosser Aufmerksamkeit beachten und insbesondere keine Engagements eingehen, die übermässige Verlustgefahren in sich bergen. Die Verantwortung eines international operierenden Investment-Trusts ist höher, als dies bei einem Fonds der Fall ist, der sich auf inländische Anlagen beschränkt. Aus diesem Grunde ist auch an die Geschäftspolitik eines solchen Fonds ein strengeres Kriterium der Moralität anzulegen.

Das Streben nach Gewinnoptimierung bei gleichzeitiger Risikobeschränkung ist für die Anlagefondsgesellschaften von zwingender Notwendigkeit, denn nur auf diese Art und Weise können sie jene Attraktivität gewinnen, die erforderlich ist, um im Publikum neue Zertifikate plazieren zu können. Als Mittler zwischen Kapitalgebern und Kapitalnehmern sind auch international operierende Anlagefonds heute soweit gesetzlicher Kontrolle unterworfen, dass eine eigentliche Machtstellung kaum mehr ausgeübt werden kann. Die hohe Verantwortung der Fondsleitung lässt indes dem moralischen Aspekt breite Angriffsflächen.

524 Die Finanzgesellschaften – internationale Transmissionsriemen zwischen Macht und Moral

Obwohl auch die Finanzgesellschaften ähnlich den Anlagefonds in erster Linie nur als „Transmissionsriemen" für die Vermittlung von

Kapital eingesetzt werden, unterscheiden sie sich von diesen jedoch in wichtigen Belangen: Zum einen richten sich ihre Tätigkeiten auf einen wohl begrenzten Objektbereich und zum andern sind auch ihre Finanzierungsquellen von vornherein festgelegt. Finanzgesellschaften haben einen exakt definierten Kreis der Eigenkapitalgeber und werden zu nicht minder genau beschriebenen Zwecken eingesetzt. Besonders häufig kommen sie in den heutigen Zeiten im Rahmen eines Unternehmungsverbundes vor, innerhalb dessen sie spezifische, kapitalorientierte Aufgaben wahrnehmen. Von besonderer Bedeutung sind hierbei die – oft aus steuerlichen Gründen – zwischengeschalteten Holdinggesellschaften, deren Funktion in der Beteiligung an und damit in der Beherrschung von anderen Gesellschaften besteht, sowie die eigentlichen Finanzierungsgesellschaften, die anderen Unternehmungen Kapital zur Verfügung stellen – und bei gleicher Aufgabenstellung innerhalb eines multinationalen Konzerns wie „financial intermediaries" wirken.

Aus dem Gesagten ist der Schluss ableitbar, dass die Anlagen von Finanzgesellschaften in aller Regel mit dem Zweck vorgenommen werden, ihre (Finanz-)Macht optimal einzusetzen. Es bedarf keiner näheren Erläuterung, dass das in einer Finanzgesellschaft vereinigte Kapital eines Konzerns effizienter angelegt werden kann, als dies durch die einzelnen Konzernglieder erfolgen würde. Je nach Ausmass und Verhaltensweise bei der Machtgewinnung und der späteren Machtausübung gilt es dann im einzelnen zu prüfen, ob die damit verbundenen Tätigkeiten als moralisch oder als unmoralisch einzustufen sind. Hierbei werden indes, dem uns gestellten Thema folgend, nur jene Auswirkungen von Macht und Moral in die Betrachtungen einbezogen, die ihren Niederschlag im internationalen Raum finden.

Finanzgesellschaften, die ihre Aufgabe in der internationalen Kapitalvermittlung sehen, wurden anfänglich meist nur zur Finanzierung eines einzigen, in allen Einzelheiten vorgeplanten Objektes gegründet. So hatte beispielsweise die Ende der sechziger Jahre des vergangenen Jahrhunderts gegründete „Compagnie Universelle du Canal Maritime de Suez" einzig den Zweck, die Finanzierung des in seiner Konzeption bereits festgeschriebenen Suez-Kanals sicherzustellen. Im Laufe der Zeit blieb es indes meist nicht mehr bei der Konzentration auf ein einzelnes Projekt; vielmehr ist heute eher ein dynamisches Verhalten festzustellen. Nach Abschluss eines Finanzierungsprojektes oder auch bei dessen

Scheitern – weil etwa das Projekt selbst verstaatlicht wurde – erfolgt dann ein Ausweichen auf andere erfolgversprechende Anlagen, wobei häufig auch dem Bestreben nach Diversifikation, d. h. einer Anlage ausserhalb des ursprünglich vorgesehenen Tätigkeitsfeldes, im Interesse einer verbreiterten Riskostreuung immer mehr Gewicht zugemessen wird.

In den letzten Jahren und Jahrzehnten ist in gewissen Ländern eine Entwicklung feststellbar, die eine sukzessive Verstaatlichung von Objekten zum Ergebnis hat, die bislang im Besitz und unter der Kontrolle von Finanzgesellschaften standen. Damit verbunden zeigt sich das Phänomen, dass solche Nationalisierungen ohne oder nur mit geringer Entschädigung vorgenommen wurden. Es zeigt sich daran, dass auch die unbestrittene Machtposition von Finanzgesellschaften, die jedoch noch in Zeiten fusst, da auch Europas Staaten in ihren Kolonien uneingeschränkt herrschen konnten, heute gegen die Souveränität staatlicher Macht nichts mehr auszurichten vermag.

Wegen der latenten Gefahr von Enteignungen scheint ein verbreitertes Betätigungsfeld für die Finanzgesellschaften unumgänglich geworden zu sein. Bei einer weit gefassten Palette der Unternehmenstätigkeit von Finanzgesellschaften lassen sich nämlich Macht, Moral und Geschäftserfolg erheblich besser in Einklang bringen, als dies bei der traditionellen Konzentration auf ein einziges und einheitliches Finanzierungsprojekt der Fall sein könnte.

Verbleiben wir nun aber noch für kurze Zeit bei den sogenannten „Finanzierungsgesellschaften", die in der überwiegenden Mehrzahl der Fälle als Holding oder als Kapitaltransferstelle ausgestaltet sind. Sie sind vornehmlich von Bedeutung für multinationale Konzerne. Diese benötigen in der Tat Institutionen, die eine koordinierte und konzernweite Vergabe der konzerneigenen liquiden Mittel besorgen sowie eine einheitliche und gezielte Verwaltung der zahlreichen Beteiligungen an Tochtergesellschaften, Joint ventures und Minderheitsanlagen garantieren.

Die internationalen Konzerne nutzen dergestalt ihre finanzielle Machtsituation aus, indem sie konzernintern das Kapital zentral gelenkt in diejenigen Unternehmungsteile lenken, die daran besonders dringenden Bedarf haben oder aber sehr hohe Rentabilität versprechen. Durch den zentralen und weltweiten Einsatz der eigenen liquiden Mittel durch

„financial intermediaries" lässt sich deren optimale Anlage bewerkstelligen, mit der Folge, dass das Machtpotential solcher Gebilde nur noch weiter verstärkt wird.

Der Einsatz solcher Finanzierungsgesellschaften ist jedoch trotz der damit verbundenen Machtentfaltung moralisch keinesfalls zu disqualifizieren, allenfalls als neutral zu betrachten. Bedenken können sich jedoch dann einstellen, wenn solche Machtzentren in grossem Umfange in Währungsspekulationen einsteigen. Zwar bedarf es keiner näheren Begründung, dass innerhalb von Konzernen, die entsprechend ihrem internationalen Aktivitätsfeld in zahllosen Währungen operieren müssen, Währungsdispositionen auch grösseren Stiles erforderlich sind, um allfälligen Kursverlusten vorzubeugen. Doch konnte bis heute der Verdacht nicht ausgeräumt werden, dass multinationale Unternehmungen über ihre Finanzgesellschaften an den Währungsunruhen zu Beginn dieses Jahrzehnts durch massive Investitionen nicht unerheblich beteiligt waren. Falls dieser Verdacht wirklich zutrifft und die multinationalen Konzerne so ihre Finanzmacht zur Erschütterung der Weltwirtschaft eingesetzt haben, ist darin ein Verstoss gegen eine moralisch überzeugende Geschäftsethik zu sehen. Diese Problematik ist jedoch Teil eines grösseren Ganzen, das heute unter dem Reizwort „Multis" weltweit hohe Wellen schlägt.

53 Multinationale Unternehmungen: Im Kreuzfeuer der Kritik

Sind die multinationalen Unternehmungen wirklich die kreativsten Einrichtungen des 20. Jahrhunderts? Oder sind sie nicht vielmehr die machtgierigen Hydras unserer Tage, vielköpfig und allerorten präsent, die ihr ganzes Tun und Handeln einzig in den Dienst an der Macht stellen? Wird die Welt tatsächlich, wie prophezeit, schon in nicht allzu ferner Zukunft von nurmehr 200 Unternehmungen beherrscht werden, die frei von jeder nationalen Kontrolle eine neue, private Form der Weltherrschaft antreten? Der Fragen sind viele, und es ist hier nicht der rechte Ort, ihnen allen nachzugehen. Eines jedoch wird in aller Deutlichkeit erkennbar: Die multinationalen Unternehmungen sind die entscheidenden wirtschaftlichen Machtzentren unserer Epoche, und die stetig anschwellende Kritik an eben dieser Macht und ihrer Ausübung, sei sie nun gerechtfertigt oder nicht, ist eindeutiger Beweis dafür, wie mächtig die moralische Verantwortung auf den Multis lastet.

Die internationale Verankerung der multinationalen Unternehmung — und wir wollen hierunter die Zusammenfassung einer Vielzahl rechtlich selbständiger, über zahlreiche Staaten verteilter Gesellschaften unter einheitlicher wirtschaftlicher Leitung verstehen — lässt sie zwangsläufig als wichtigen internationalen Kapitalanleger erscheinen. Die Multis treten in dieser Eigenschaft in zweifacher Hinsicht auf: zum einen streben sie danach, ihre aus den unterschiedlichsten Ländern zusammenströmende Liquidität so auf den internationalen Kapitalmärkten anzulegen, dass ihnen daraus optimale Rentabilität erwächst. Zum anderen nehmen sie rund um den Globus Direktinvestitionen vor, bauen sich damit ein weltumspannendes Netz wirtschaftlicher Stützpunkte auf und halten engsten Kontakt zu den diversen Märkten, seien es nun Absatzmärkte oder Beschaffungsmärkte.

Einige statistische Daten mögen die Macht, die multinationale Unternehmungen verkörpern, noch verdeutlichen. Bereits zu Beginn der siebziger Jahre wurde der Gesamtumsatz der Multis auf über 500 Mrd. Dollar geschätzt, was ungefähr einem Fünftel des kumulierten Bruttosozialproduktes der westlichen Welt entsprach. 1978 wiesen die grössten Multis, General Motors und Exxon einen Umsatz von 63 bzw. 60 Mrd. Dollar auf, was fast dem Bruttosozialprodukt Belgiens entspricht und dasjenige Griechenlands um das Doppelte übersteigt. Vom Konzernumsatz werden im Durchschnitt 30 bis 40 Prozent durch ausländische Tochtergesellschaften erwirtschaftet. Eine extreme Position ergibt sich indes für die schweizerischen Multis wie Nestlé und die Basler Chemie-Giganten: Sie machen rund 95 Prozent ihrer Geschäfte im Ausland.

Der Zwang zur Macht
Bereits das vorstehend rasch entworfene Zahlenspiel lässt an der Macht der Multis keinen Zweifel zu. Multinationale Unternehmungen sind in der ganzen Welt vertreten, damit sie dort ihre Produkte auf dem Markt absetzen können, damit sie eben diese Produkte zu günstigen Bedingungen herstellen können und damit sie Zugang zu den Rohstoffquellen haben. Die weltweite Präsenz der Multis dient der globalen Durchsetzung einer die nationalen Grenzen sprengenden Geschäftspolitik. Folglich ist es lediglich ein logischer Schritt bis zur Erkenntnis, dass

multinationale Unternehmungen die Macht, die sie aufgrund ihrer Stellung haben, in den Gastländern auch ausüben müssen. Dazu gehört insbesondere auch ein enger Kontakt zur jeweiligen Regierung; denn diese ist es, die den Rahmen für die angestrebte Unternehmungspolitik in den einzelnen Ländern bestimmt. Die Nutzung bestehender Macht in fremden Ländern zum Zwecke der Förderung der eigenen Geschäftspolitik, gerade auch unter Einbezug der Einflussnahme auf ausländische Regierungen und Parlamente, ist die notwendige Konsequenz aus dem weltweiten Vertrieb der Produkte multinationaler Unternehmungen, der seinerseits über den bereits früher international abgewickelten Handel hinaus notwendig ist, weil die heutigen Produkte viel sensibler sind und eingehender Marktpflege durch den Hersteller selbst bedürfen. Insofern ist die Ausübung von Macht ein natürliches Kennzeichen internationaler Konzerne, und es ist dem berühmten amerikanischen Wirtschaftswissenschafter John Kenneth Galbraith recht zu geben, wenn er die Multis auffordert, sich zu dieser ihrer Macht zu bekennen, anstatt – im Widerspruch zu ihrem eigenen täglichen Verhalten – diese Macht leugnen zu wollen. Daher ist im weiteren festzuhalten, dass die Ausübung von Macht durch multinationale Unternehmungen an sich keinen unmoralischen Tatbestand darstellt.

Um mit dem Kriterium der Moral zu argumentieren, kommt es entscheidend darauf an, wie die Macht ausgeübt wird. Und hier sind in der Tat Bedenken anzumelden. Eine in den USA unter dem Middle und Top Management multinationaler Unternehmungen gestartete Umfrage brachte beispielsweise zum Vorschein, dass 48 Prozent der Befragten die Zahlung von Bestechungsgeldern an ausländische Beamte als durchaus zulässig betrachteten, sofern damit den üblichen nationalen Gewohnheiten entsprochen würde. Damit aber zeigt sich bereits einer der wesentlichen Problempunkte, die sich aus der Internationalisierung der Geschäftstätigkeit ergeben und die nachstehend stichwortartig zusammengefasst seien: das Aufeinandertreffen verschiedener Normen der Geschäftsmoral, die Übernahme der auf ausländischen Märkten herrschenden Gepflogenheiten; und die Übertragung aggressiver Geschäftspraktiken vom Herkunftsland der Multis auf die Aufnahmeländer. Die Spannungsgegensätze, die sich aus diesem internationalen Handlungsgefälle ergeben, sind es, die die Einhaltung moralischer Grundsätze, wie sie in den industrialisierten Staaten des Westens gelten, gelegentlich erschweren.

Breite Angriffsflächen
Es dürfte einsichtig sein, dass Schmiergeldzahlungen, wie wir sie insbesondere von der Geschäftspolitik des US-amerikanischen Flugzeugherstellers Lockheed her kennen, keinesfalls moralisch zu rechtfertigen sind – auch dann nicht, wenn, wie in zahlreichen Entwicklungsländern, die Bestechung zum normalen Tagesgeschehen zählt. Moralisch ebenfalls bedenklich sind Aktionen multinationaler Unternehmungen, die der Ausnutzung des „internationalen Gesetzesgefälles" dienen, die also Handlungen, die im notwendigen Unternehmungsinteresse liegen, dort vornehmen lassen, wo die gesetzlichen Anforderungen am geringsten sind. So erscheint es als schlichtweg unmoralisch, wenn Multis bestimmte Produktionen in unterentwickelte Länder verlegen, weil die dortigen Umweltbestimmungen nur sehr rudimentär ausgestaltet sind und sie so die höher entwickelten Umweltvorschriften der Industrieländer umgehen können. Gleichermassen ist eine Verhaltensweise zu verurteilen, die bei geplanter Einführung neuer, verschärfter Vorschriften und Normen in einem Staate damit droht, die Produktion aus diesem Staate zu verlegen, um dergestalt Regierung und Parlament an der Einführung der Normen, die eventuell für das Staatsganze sogar von grosser Bedeutung sein können, zu hindern.

Im weiteren muss sich die multinationale Unternehmung ihrer besonderen Verantwortung für die Währungslage ihrer Gastländer bewusst sein. Die Multis sind nämlich aufgrund ihres enormen Finanzpotentials in der Lage, durch besondere konzerninterne Transfermöglichkeiten und durch den schnellen Zugriff auf grosse Kapitalsummen die jeweilige nationale Geld- und Kreditpolitik zu unterlaufen und über Spekulationsgeschäfte erheblichen Druck auf die Wechselkurse auszuüben. Es ist selbstverständlich, dass dann eine moralische Verurteilung am Platze ist, wenn solche Handlungsweisen zur Schädigung der gastgebenden Volkswirtschaften führen. Auch muss sich die multinationale Unternehmung bewusst sein, dass sie durch die Repatriierung von Gewinnen, sei es über offizielle Gewinnausschüttungen oder in Form von Zinsen und Lizenzgebühren oder gar sogenannte „management fees", auf die Zahlungsbilanz dieser Länder grossen Einfluss ausüben kann.

Obwohl die Multis in der Vergangenheit zweifellos eine Reihe von Fehlern begangen haben und für ihr Handeln gewiss nicht immer moralische Argumente ins Feld führen konnten – dies ist auch der Grund, warum seit einigen Jahren auf den verschiedensten internationalen Ebenen an einem Verhaltenskodex für multinationale Unternehmungen gearbeitet wird; die erste Empfehlung wurde diesbezüglich am 21. Juni 1976 von der OECD verabschiedet –, muss ihr Beitrag für die Entwicklung der Weltwirtschaft als positiv betrachtet werden. Die Multis überbrücken nicht nur Nationalismen und staatliche Grenzen; sie ermöglichen auch die Zusammenarbeit von Menschen verschiedenster Kulturen, Ideologien und Werte. Schliesslich besorgen sie den internationalen Transfer von Anlagegütern, Management, marketing know how und Technologien. Damit aber leisten sie einen gewaltigen Beitrag an den Weltfrieden.

Zusammenfassend kann die Position der Multis wie folgt umschrieben werden: Macht ist notwendiger Bestandteil ihres Charakters; Machtausübung ist daher unvermeidbar und, sofern sie moralische Lenkung und Beschränkung erfährt, für die Gesellschaft wie für die Völkergemeinschaft nützlich.

54 Supranationale Organisationen

Seitdem die Welt immer stärker zusammenwächst und sich im Zuge dieser Entwicklung ständig neue Formen der regionalen und globalen Kooperation ergeben, haben auch die supranationalen Organisationen für die Kapitalanlage auf dem internationalen Feld eine erhöhte Bedeutung erlangt. Wie wichtig supranationale Organisationen sein können, zeigt sich besonders in der Entwicklungshilfe; zahlreiche Projekte könnten hier im Rahmen privater Kapitalzufuhr oder über die bilaterale amtliche Entwicklungshilfe gar nicht mehr durchgeführt werden. Daher sei in diesem Abschnitt unser Hauptaugenmerk auch derjenigen Institution zugewandt, die heute auf dem Gebiete der internationalen Kapitalhilfe eine beherrschende Position einnimmt: der Weltbank.

„Weltgewissen" Weltbank
Die 1944 anlässlich der Konferenz von Bretton Woods ins Leben gerufene Weltbank, die mit vollem Namen „International Bank for Reconstruction and Development" heisst und in ihrem Schosse fast alle Mitgliedländer der Vereinigten Nationen versammelt, dient dem Zweck, unterentwickelte Staaten durch Kredite in ihrem wirtschaftlichen Aufbau zu unterstützen. Die Leistungsbilanz der Weltbank, wie sie sich bis

zum heutigen Tage bietet, kann sich sehen lassen: Mit Stand 30. Juni 1978 betrugen die Kreditausleihungen 44,7 Mrd. Dollar für ein Total von knapp 1600 Darlehen. Wichtigste Kreditnehmer sind dabei bereits einigermassen entwickelte Länder wie Brasilien, Mexiko, der Iran, Indien und Jugoslawien. Sämtliche Kredite der Weltbank werden ausschliesslich für erstklassige produktive Zwecke gewährt und sollen der Deckung des Devisenbedarfs für genau bestimmte Entwicklungsvorhaben dienen. Sie werden nur an kreditwürdige Länder vergeben, auf einen Zeitraum von in der Regel 15 bis 20 Jahren und zu einem unter dem internationalen Niveau liegenden Zinssatz. Dass die Weltbank eine sehr machtvolle Organisation ist, steht angesichts ihrer Bedeutung für die Finanzierung von Entwicklungsländern ausserhalb jeder Fragestellung.

Doch auch in moralischer Hinsicht kann der Weltbank nur höchstes Lob ausgesprochen werden. Dieses rechtfertigt sich mit Blick auf die drei Regeln, denen die Weltbank bei allen ihren Ausleihungen strikt folgt: Erstens werden Entwicklungsländern nur dann Kredite gewährt, wenn sie nicht in der Lage sind, diese aus anderen Quellen zu angemessenen Bedingungen zu erhalten. Zum zweiten sind die Kredite der Weltbank niemals „gebundene Kredite", wie dies häufig im Rahmen der bilateralen Entwicklungshilfe der Fall ist. Und schliesslich wird die Entscheidung über die Kreditvergabe ausschliesslich nach wirtschaftlichen Kriterien und keinesfalls mit einem Seitenblick auf das politische System des kreditnehmenden Landes getroffen. Die Weltbank, die in Sachen Kapitalhilfe an Entwicklungsländer immer mehr zum Weltgewissen heranwächst, hat ihre Aufgabe bislang mit grossem Erfolg wahrnehmen können, und es ist anzunehmen, dass sich ihr Gewicht mit den Jahren noch weiter verstärken wird.

Ebenfalls für die Entwicklungsländer von grosser Bedeutung und frei von jeder moralischen Anfechtung ist die als Tochtergesellschaft der Weltbank konstituierte „International Development Association", kurz IDA genannt. Im Gegensatz zur Weltbank konzentriert sie ihre Kapitalhilfe auf weniger kreditwürdige Länder, damit auch diese wenigstens in bescheidenem Umfange zu den dringend benötigten Devisen gelangen.

Ihre Kredite werden in aller Regel auf 50 Jahre vergeben; an die Stelle von Zinszahlungen treten jährliche Spesenvergütungen von weniger als 1 Prozent. Mit Stand vom 30. Juni 1978 wies die IDA 765 Darlehen im Gesamtbetrag von 13,7 Mrd. Dollar aus, wovon der Löwenanteil auf die besonders hilfebedürftigen und bevölkerungsreichen Staaten Bangladesh, Indien und Pakistan entfällt.

Neben den vorstehenden Weltorganisationen haben sich in den vergangenen zwei Jahrzehnten auch regional ausgerichtete supranationale Institutionen herausgebildet. Zu nennen sind hierbei vor allem die 1966 in Manila gegründete „Asian Development Bank", die seit 1968 bis Ende 1977 rund 4,2 Mrd. Dollar in gut 300 Projekten investiert hat, sowie die 1960 in Washington aus der Taufe gehobene „Inter-American Development Bank". Letztere vermochte bis Ende 1977 fast 12 Mrd. Dollar an Kapitalhilfen zu vergeben. Beiden Organisationen ist das Ziel gemeinsam, in der sie betreffenden Region die wirtschaftliche und soziale Entwicklung ihrer weniger begünstigten Mitgliedstaaten zu beschleunigen. Auch die Tätigkeiten dieser supranationalen Organisationen können in moralischer Hinsicht nur als positiv eingestuft werden.

Die EG: Kapitalhilfe für ein freies Europa
Nicht unterschätzt werden darf auch die Rolle, die die Europäische Gemeinschaft für die internationale Finanzierung spielt. Obwohl diese wohl wirtschaftlich mächtigste supranationale Organisation der Welt nicht eigentlich offen als Kapitalgeber grossen Stils auftritt, sind die positiven Auswirkungen ihrer Finanzkraft beachtlich. Ohne die massiven Finanzhilfen der EG an das nachrevolutionäre Portugal von 1975 wäre die Südwest-Ecke Europas heute zweifelsfrei unter kommunistischer Kontrolle. Und wenn in wenigen Jahren das „Europa der Neun" um die drei südeuropäischen Staaten Griechenland, Spanien und Portugal erweitert werden wird, womöglich mit einer zusätzlichen, engeren Anbindung der Türkei, wird auch diese Erweiterung zu einem enormen Kapitaltransfer aus dem industrialisierten Norden der EG in den Mittelmeerraum führen. Doch nur so wird es möglich sein, die Südflanke Europas politisch zu stabilisieren und die dort angesiedelten Staaten als sichere Glieder der demokratischen Völkergemeinschaft des Westens zu bewahren. Die Aufgabe, der sich die heutigen EG-Staaten damit angenommen haben, entspricht der grossen Verantwortung, die sie für Europa tragen. Die mit der Süd-Erweiterung verbundene, in ihrem Umfange auf längere Sicht grossartige Kapitalhilfe entspringt einer zurecht erkannten und wahrgenommenen moralischen Verpflichtung.

Ein wesentlicher Träger der innereuropäischen Kapitalhilfe bildet dabei die im Eigentum der neun EG-Staaten stehende Europäische Investitionsbank. Ihre Aufgabe besteht darin, durch Darlehen zur Finanzierung von Investitionsvorhaben der Mitgliedstaaten beizutragen, vornehmlich im Bereiche von Infrastruktur, Landwirtschaft und Industrie. Innerhalb der EG weisen sich zur Zeit Italien und Grossbritannien mit gemeinsam rund drei Vierteln der Gesamtausleihungen als grösste Schuldner aus. In den letzten Jahren ist die Europäische Investitionsbank aber auch dazu übergegangen, Projekte ausserhalb der Europäischen Gemeinschaft zu finanzieren. Insoweit fiel ihr eine wichtige Rolle im Rahmen des Vertrages von Lomé zwischen der EG und den sogenannten AKP-Ländern (Afrika, Karibik, Pazifik) zu. Seit 1975 wurden nämlich für Projekte in den AKP-Ländern durch die Europäische Investitionsbank 390 Mio. Rechnungseinheiten zur Verfügung gestellt, die neben die 3,17 Mrd. Rechnungseinheiten traten, die aus einem von der EG speziell gespeisten Entwicklungsfonds in die AKP-Region flossen.

Schlussendlich sei bei den supranationalen Organisationen erwähnt, dass auch im Comecon-Raum supranationale Zahlungsinstitutionen existieren, nämlich die „Internationale Bank für wirtschaftliche Zusammenarbeit" und die „Internationale Investitionsbank". Beide spielen für die internationale Kapitalanlage keine beachtenswerte Rolle, beschränkt sich nämlich ihre Tätigkeit weitgehend auf den internen Rechnungsverkehr zwischen den Ostblock-Staaten und auf die Kapitalaufnahme auf nationalen und internationalen westlichen Kapitalmärkten.

6 Besondere Aspekte der internationalen Kapitalanlage in ihrer aktuellen Brisanz

Wir haben im Vorstehenden das weite Feld der Kapitalanlage im internationalen Umfeld unter den unterschiedlichsten Aspekten analysiert. Die Frage nach Macht und Moral der internationalen Kapitalanleger erfuhr dabei eine sehr vielgestaltige Beantwortung. Doch blieben alle diese Antworten insoweit allgemein gehalten, als ihre Aussagen für jeden international orientierten Kapitalanleger Gültigkeit beanspruchen wollten.

Im Folgenden soll nun aber dazu übergegangen werden, einzelne Teilaspekte der internationalen Kapitalanlage, die von besonderer Bedeutung erscheinen, näher anzugehen und auch für diese im Spannungsfeld zwischen Macht und Moral spezifische Postulate aufzustellen. Wir sind uns dabei des Umstandes bewusst, dass jedes der nachstehend erörterten Themen von derartiger Brisanz und so vielschichtig aufgebaut ist, dass es problemlos Gegenstand einer eigenständigen Untersuchung sein könnte. Dennoch wollen wir den Versuch unternehmen, zumindest die für unsere Problemstellung wesentlichen Kernthesen herauszustellen.

Einige erste Überlegungen werden sich mit dem Nord-Süd-Dialog befassen und dabei insbesondere die Frage nach Wert und Gefahren von Investitionen in Entwicklungsländern stellen. Ein zweiter Gedankenkreis wird sich mit der internationalen Kapitalanlage unter besonderer Berücksichtigung des Ost-West-Verhältnisses beschäftigen. Schliesslich soll das Argument auf die Rolle der Schweiz für den internationalen Kapitalanleger gelenkt werden. Der Finanzplatz Schweiz erweist sich hierbei nicht nur als Drehscheibe für ausländisches Kapital, sondern bietet selbst günstige Voraussetzungen für Investitionen im eigenen Lande. Daneben ist die schweizerische Industrie ebenfalls ausgesprochen auslandsorientiert, weshalb die Schweiz auf den internationalen Märkten als bedeutender Investor aufzutreten vermag.

61 Die Bedeutung der internationalen Kapitalanlage für den Nord-Süd-Dialog

Während nach dem Zweiten Weltkrieg für ein gutes Vierteljahrhundert der Ost-West-Konflikt das globale Gespräch beherrschte, haben sich die Beziehungen zwischen den überwiegend reichen, weil industrialisierten Ländern der nördlichen Halbkugel und den in der grossen Mehrzahl armen und unterentwickelten Staaten der südlichen Hemisphäre seit dem Beginn der siebziger Jahre immer mehr in den Vordergrund geschoben.

Der Ölschock von 1973, der erstmals zeigte, dass Länder der Dritten Welt Forderungen an die „reichen Brüder" stellen können, sollte eine Lawine von Forderungen auslösen, in deren Zentrum das Zauberwort vom „Ressourcentransfer" steht. Zu den von den Entwicklungsländern besonders benötigten Ressourcen zählt das Kapital; daher erweist sich die internationale Kapitalanlage mit Bezug auf den Nord-Süd-Dialog von grossem Interesse.

Die Entwicklungsländer spielten für die internationalen Kapitalanleger immer schon eine gewisse Rolle. Während zu den Kolonialzeiten eher Direktinvestitionen von Unternehmungen des Mutterlandes im Mittelpunkt standen, die ihre Macht – und dies darf an dieser Stelle nicht unterschlagen werden – in nicht seltenen Fällen zur Schädigung oder gar Ausbeutung der Kolonialgebiete missbrauchten, sind heute sowohl private Investitionen wie auch private und öffentliche Kapitalzuflüsse für die Entwicklungsländer von existentieller Bedeutung. Nicht nur ist der Schuldenberg im vergangenen Jahrzehnt, durch die Rezession in den Industrieländern und die massiven Preissteigerungen für Erdöl noch forciert, rasant angewachsen – von 75 Mrd. Dollar im Jahre 1972 auf 160 Mrd. Dollar 1976; auch der jährlich neu anfallende Finanzbedarf mutet erschreckend an: für 1977 ermittelten Schätzungen einen Bedarf von nicht weniger als 43 Mrd. Dollar, wovon 26 Mrd. Dollar zur Deckung des Leistungsbilanzdefizites und 17 Mrd. Dollar zum Zwecke des Schuldendienstes benötigt wurden. Ein Ende dieser Entwicklung ist nicht in Sicht.

Staatliche Kapitalhilfe als Basis
Als erste Gruppe, die als Kapitalanleger in den Entwicklungsländern auftritt, sind Staaten selbst oder staatliche Institutionen zu nennen. Die von ihnen ausgehende Kapitalanlage, die in ihrem Ergebnis einer Kapitalhilfe gleichkommt, gehört in den grösseren Rahmen der Entwicklungshilfe, zu der neben der Kapitalhilfe auch die technische und die Handelshilfe zählen. Soweit der Staat dabei als Kapitalanleger in Erscheinung tritt, sind zwei Arten seines Engagements denkbar: entweder erbringt er seine Kapitalleistung à-fonds-perdu, d. h. als Zuschüsse, die ähnlich Geschenken nicht an das Geberland zurückgezahlt werden müssen, oder er gewährt Kredite zu besonders günstigen Bedingungen.

Es ist offensichtlich, dass solche bilaterale Hilfe, die sich 1977 auf etwa 22 Mrd. Dollar belaufen haben dürfte, in den Händen der Geberländer ein rechtes Machtpotential darstellen kann. Es liegt nämlich nahe, dass Staaten im Rahmen der Entwicklungshilfe nicht nur das wohlgemeinte Interesse der notleidenden Empfängerländer im Auge haben, sondern nur zu oft darüber hinaus – vielleicht sogar in erster Linie – eigene aussen- oder wirtschaftspolitische Ziele verfolgen. So wusste die Sowjetunion die Kapitalhilfe stets sehr geschickt einzusetzen, um ihre Stellung im Nahen Osten zu untermauern. Kaum nahm Nasser nach dem Sechs-Tage-Krieg von 1967 Fühlung in Richtung sozialistische Staaten auf, als auch schon in reichem Masse Kapitalien in das Land am Nil flossen; und genau so rasch, wie er gekommen war, versiegte der Strom auch bereits wieder, nachdem Sadat sich wiederum dem Westen zuwandte.

Die USA verknüpfen unter der Carter-Administration häufig Kapitalhilfe mit der Forderung nach Achtung der Menschenrechte. Für die alten Kolonialmächte wie Grossbritannien und Frankreich stellt der internationale Kapitaltransfer ein geeignetes machtpolitisches Instrument dar, um nach der Überführung ihrer Kolonien und Mandate in die Unabhängigkeit dort auch weiterhin nachhaltigen Einfluss ausüben zu können. Man erinnere sich an kleine Inselgruppen des Pazifiks, für die bereits in der Stunde der Unabhängigkeit feststeht, dass ohne stete Mittelzufuhr vom ehemaligen Mutterland ein Überleben nicht möglich ist.

Von moralischer Seite her dürfte kein Zweifel bestehen, dass die staatliche Kapitalhilfe an Entwicklungsländer als positiver Beitrag zur

Ausgleichung des Nord-Süd-Gefälles zu würdigen ist. Über die Steuern, die in den Industriestaaten zum Zwecke der Entwicklungshilfe erhoben werden müssen, wird jeder Bürger am globalen finanziellen Ressourcentransfer beteiligt. Es geht nicht nur darum, dass die Entwicklungsländer für die Industrienationen unentbehrliche Rohstoffproduzenten sind, denen jedoch über die Industrialisierung – und hierzu bedarf es des Kapitals – die Möglichkeit zu langfristiger Integration in die hochentwickelte, globale wirtschaftliche Verflechtung eingeräumt werden muss. Es gilt auch zu beachten, dass ein Grossteil des heutigen Wohlstandes früherer Kolonialmächte ohne den enormen Beitrag dieser Gebiete gar nicht denkbar wäre. Moralisches Verhalten durch bilaterale Kapitalanlage in Ländern der Dritten Welt bedeutet demnach in der Tat die Wahrnehmung einer sittlichen Verpflichtung.

Klaffende Lücke zwischen Anspruch und Wirklichkeit
Doch kann Moral nicht allein darin bestehen, dass Kapital durch Industriestaaten in ärmere Regionen geleitet wird. Entscheidend sind vielmehr Quantität und Qualität dieses Finanzstromes. Was seinen Umfang anbetrifft, so ist tatsächlich eine markante Erhöhung um rund 200 Prozent innerhalb des letzten Jahrzehnts festzustellen. Allein die staatliche Entwicklungshilfe aus dem OECD-Raum stieg von 6 Mrd. Dollar im Jahresdurchschnitt 1966/68 auf 14 Mrd. Dollar, wozu im weitern insbesondere die Leistungen der OPEC-Staaten, die sich 1977 auf etwa 9 Mrd. Dollar beliefen, hinzuzurechnen sind. Doch diese gewaltige Steigerungsrate muss relativiert werden: Es ist nämlich zu beachten, dass der Dollar weltweit innert dieses Jahrzehntes einem enormen Wertzerfall ausgesetzt war und dass gleichzeitig damit die Inflationsraten in den Industriestaaten, aus denen fast sämtliche zur Industrialisierung benötigten Anlagen importiert werden müssen, eine massive Preissteigerung bewirkten.
So ist keineswegs verwunderlich, dass der Anteil der öffentlichen Kapitalhilfe aus den Mitgliedsländern des „Development Assistance Committee (DAC)" an Staaten der Dritten Welt, gemessen am Bruttosozialprodukt, konstant bei knapp über 0,3 Prozent liegt. Diese Prozentzahl ist eindeutig nicht ausreichend, um die Lücke zwischen „reichen" und „armen" Ländern auch nur annähernd zu schliessen. Daher wird von internationalen Hilfsorganisationen – der UNO wie der OECD – seit Jahren gefordert, die öffentlichen Kapitalleistungen an Entwick-

lungsländer müssten 0,7 Prozent des jeweiligen Bruttosozialproduktes ausmachen. Doch einzig Schweden, Norwegen und die Niederlande haben dieses Ziel bisher erreicht, wohingegen gerade die besonders wirtschaftskräftigen Industriestaaten wie die USA, die Bundesrepublik Deutschland und Japan recht bescheidene Beiträge leisten. Die Schweiz liegt mit einem Anteil von 0,19 Prozent sogar ganz am Schlusse der Donatorenliste.

Ohne den hohen Wert der bereits heute gewährten finanziellen Hilfen anzweifeln zu wollen, ist festzustellen, dass damit allenfalls der „status quo" festgeschrieben, nicht aber eine markante Verbesserung der Lage erreicht werden kann. Auch im Lichte eines in den letzten Jahren härteren internationalen Wirtschaftsklimas in den Industrieländern und angesichts der für manche dieser Staaten beklemmenden Zahlungsbilanzsituation darf der von allen zu leistende Beitrag an die internationale Solidarität nicht vernachlässigt werden. Hierbei nützt weder der Blick auf die Leistungen der sozialistischen Staaten − deren bilaterale Entwicklungshilfe nämlich für die Comecon-Staaten im Total der Jahre 1950 bis 1975 ganze 19,2 Mrd. Dollar ausmacht, was ungefähr der Leistung der westlichen Staaten in einem Jahr entspricht − noch das Abwälzen der Verantwortung auf die Ölländer, die zwar auch ihren erheblichen Anteil zum wachsenden Finanzierungsbedarf der Entwicklungsländer beigetragen haben, aber auch durch eigene Hilfeleistungen deutlich gezeigt haben, dass sie sich in der Mehrzahl ihrer neuen Verpflichtungen bewusst sind.

Bezüglich der qualitativen Ausgestaltung von Kapitalhilfen durch Staaten an Entwicklungsländer ist in einer ersten Überlegung darauf zu verweisen, dass sogenannte „gebundene" Kapitalhilfe den moralischen Ansprüchen an den Ressourcentransfer kaum zu genügen vermag. Es ist nämlich zu bedenken, dass solche Finanztransaktionen im Effekt weitgehend Exportkrediten oder -zuschüssen gleichkommen. Die Länder der Dritten Welt sind unter derartigen Bedingungen verpflichtet, für das ihnen zugeflossene Geld im Geberland Einkäufe zu tätigen. Damit sind sie in ihrer Disposition eingeschränkt, müssen zum Teil hochtechnisierte Produkte erstehen, für die sie schlussendlich aufgrund der gegebenen Infrastruktur gar keine rechte Verwendung haben, und gehen zudem gelegentlich das Risiko ein, die Waren zu ungünstigeren Bedingungen als aus anderen Ländern zu erhalten.

Ein weiterer Gedankenkreis gilt der Qualität staatlicher Kapitalhilfe. Es ist nämlich zu unterscheiden zwischen Zuschüssen, die den Empfängerländern unentgeltlich und ohne Rückzahlungsverpflichtung gewährt werden, und Krediten, die nach bestimmter Zeit zurückzuzahlen und in aller Regel zu verzinsen sind. Bezüglich der Kredite ist wiederum eine weitere Untergliederung vorzunehmen in sogenannte „harte" und „weiche" Kredite. Während erstere weitestgehend mit üblichen Marktbedingungen ausgestattet sind und eigentlich nur denjenigen Entwicklungsländern in begrenztem Masse nutzen, die wegen Kreditunwürdigkeit von den nationalen und internationalen Kapitalmärkten ausgeschlossen bleiben, sind letztere mit Vorzugsbedingungen ausgestattet: lange Laufdauer (bis zu 50 Jahren) und/oder niedriger Zins.

Vom Kredit zum Geschenk
In den letzten Jahren hat sich die Erkenntnis durchgesetzt, dass den Entwicklungsländern, deren Schuldenturm ohnehin ins Unermessliche zu wachsen droht, mit Krediten kaum mehr geholfen ist. Wenn nämlich die reicheren Staaten dieser Welt wirklich ihrer moralischen Verpflichtung zu dauerhafter Hilfeleistung nachkommen wollen, geht es nicht an, dass die Entwicklungsländer in immer stärkere, unauflösbare Abhängigkeit von den Finanzströmen aus den Industrie- und Erdölländern geraten und einen immer grösseren Anteil am Kapitalzufluss für den Schuldendienst aufzuwenden haben. So mussten die Entwicklungsländer 1976 32 Mrd. Dollar für Zinszahlungen und Rückzahlungen abgelaufener Kredite aufwenden, mit der Folge, dass der Nettokapitalzufluss erheblich sinkt und ein immer grösserer Anteil an den Erlösen aus Exporten und Dienstleistungen für den Schuldendienst aufgebracht werden muss: 1975 Indien 17 Prozent, Chile 33 Prozent, Uruguay 46 Prozent.

Daher gehen immer mehr Länder dazu über, nicht rückzahlbare Zuschüsse zu gewähren oder allenfalls „weiche" Kredite zu vergeben, wie sie namentlich auch von internationalen Organisationen wie der „International Development Association (IDA)" und neuerdings von der UNO-Tochter „Internationaler Fonds für landwirtschaftliche Entwicklung (Ifad)" gewährt werden. Zwölf Staaten sind sogar bereits so weit gegangen, für die ärmsten Entwicklungsländer einen allgemeinen Schuldenerlass zu verfügen.

Im Spannungsfeld zwischen wirtschaftlicher Macht des Nordens und Ohnmacht im Süden einerseits und der moralischen Verpflichtung, im Rahmen des Nord-Süd-Dialogs vermehrte staatliche Kapitalhilfe zu geben, andererseits, sollte aus den vorstehenden Überlegungen somit folgendes Postulat verwirklicht werden: Den ärmsten Entwicklungsländern sollte Kapital möglichst ohne Rückzahlungsverpflichtung zugewiesen werden, allenfalls aber auch in Form von „sehr weichen" Krediten, wie sie beispielsweise die IDA zinslos bei nur geringer Spesenvergütung vergibt. Eher bereits entwickelte Staaten der Dritten Welt wie Brasilien oder Mexiko sollten vermehrt auf die private Kapitalaufnahme verwiesen werden. Für die verbleibenden Entwicklungsländer – und damit für die grosse Mehrheit – sollten Kredite zu Vorzugsbedingungen geboten werden, die insbesondere eine lange Laufzeit aufweisen, da kaum damit gerechnet werden darf, dass diese Länder auch nur in mittelfristiger Perspektive zur Rückzahlung ihrer Schulden aus eigener Kraft in der Lage sein werden.

Bevor nun der Sektor der privaten Kapitalanlage in den Entwicklungsländern angesprochen wird, sei kurz noch einmal auf die enorm wichtige und positive Funktion multinationaler Organisationen wie z. B. der Weltbank hingewiesen. Wir haben sie bereits an anderer Stelle (Kapitel 5) vorgestellt und dabei feststellen können, dass diese Institutionen wohl als einzige ihre ständig wachsende Bedeutung und damit Macht für den Kapitaltransfer in die unterentwickelten Staaten ohne Rücksicht auf nationale Politiken und Besonderheiten wahrnehmen können. Indem sie in der Folge ihre Kapitalhilfen ausschliesslich an Sachproblemen orientieren, namentlich auch dem Kriterium der dringlichsten Bedürftigkeit Vorrang einräumen, nutzen sie ihre Machtstellung voll zum Vorteil der von ihnen unterstützten Staaten – ein unter moralischen Gesichtspunkten bemerkenswert positiver Beitrag.

Starker Aufschwung privater Kapitalanlagen
Während die öffentliche Kapitalhilfe an Länder der Dritten Welt in den letzten Jahren nur geringe Fortschritte verzeichnete, nahmen private Kapitalanlagen einen gewaltigen Aufschwung, mit der Folge, dass sich der private Anteil von 29 Prozent im Jahre 1967 auf 43 Prozent in 1975 zu steigern vermochte – eine Entwicklung, die auch in den anschliessenden Jahren ihre Fortsetzung gefunden hat. Die private Kapitalanlage umfasst hierbei Direktinvestitionen, Anleiheemissionen auf

nationalen und internationalen Märkten, Portfolioinvestitionen in öffentlich oder privat ausgegebenen Wertpapieren von Entwicklungsländern und schliesslich kommerzielle Bankkredite, zumeist in Form von Exportkrediten.

Exportkredite und Portfolioinvestitionen geben unter dem Aspekt von Macht und Moral nicht viel zu reden. Beiden ist gemeinsam, dass sie nicht zum Zwecke der Machtausübung getätigt werden, sondern zum einen im Hinblick auf die Exportförderung und zum anderen mit dem Ziele einer gut rentierenden Anlage. Sie erbringen für die Empfängerländer weder positive noch negative Einwirkungen, obwohl sie in 1977 mit Exportkrediten in Höhe von 8,1 Mrd. Dollar und bi- und multinationalen Portfolioinvestitionen über 13,1 Mrd. Dollar allein nur aus DAC-Ländern (Development Assistance Committee) einen gewaltigen Betrag ausmachten. Sie dürfen daher im weiteren vernachlässigt werden.

Die stetig anwachsende Finanzierungslücke der Entwicklungsländer wird seit Anfang dieses Jahrzehnts in steigendem Umfange über den Euromarkt gedeckt — nicht zuletzt aus dem Grunde, weil die amtliche Kapitalhilfe den Erfordernissen nicht mehr nachkam. So stiegen die Eurokredite an Entwicklungsländer unter Einschluss der OPEC-Staaten von 0,4 Mrd. Dollar im Jahre 1970 auf 19,1 Mrd. Dollar in 1977 an, und für die nicht erdölexportierenden Staaten der Dritten Welt belief sich die Kreditaufnahme auf immer noch 13,3 Mrd. Dollar. Die auf den internationalen Finanzmärkten tätigen Banken haben so nicht nur für das Recycling von Kapital aus Überschussländern, namentlich den OPEC-Staaten, in industrialisierte Defizitländer gesorgt, sondern auch die Entwicklungsländer vor dem finanziellen Ruin bewahrt.

Ihre Macht, die darin besteht, dass ein Grossteil der Entwicklungsländer ohne die Verschuldung am Euromarkt zum alsbaldigen Bankrott verurteilt wäre, ist bis heute in keinem Fall missbraucht worden, da die Banken — besonders angesichts des seit Jahren vorherrschenden Käufermarktes — den Entwicklungsländern stets als faire Partner gegenübergetreten sind. Dies zeigt sich ganz deutlich daran, dass in den Jahren 1975/77 die „spreads", d. h. die Spanne zwischen den den Entwicklungsländern gewährten Zinssätzen und dem auf dem Londoner Interbankenmarkt geltenden Zinssatz für Geldmarktkredite, nur um durchschnittlich 0,5 Prozent höher lagen als im Verhältnis zu den westlichen Industrieländern. Insoweit darf die Rolle der Eurobanken im Nord-Süd-

Dialog gerade auch im Lichte der Moral als durchaus positiv umschrieben werden.

Ein Problem, das sich im Blick auf die Euromärkte rasch aufdrängt, ergibt sich jedoch aus den Kreditkonditionen. Es ist nämlich offensichtlich, dass die Eurobanken ihre Kredite an Entwicklungsländer nur zu den üblichen Marktbedingungen vergeben, d. h. zu normaler Verzinsung und nicht übermässig langen Laufzeiten. Die Eurobanken vermitteln also Kapitalanlagen in die Dritte Welt; Kapitalhilfen leisten sie nicht. Von daher liegt der Vorwurf nicht fern, die Banken — und durch ihre Vermittlung die ursprünglichen Kapitalgeber — bereicherten sich an der Finanznot nicht nur der an Leistungsbilanzdefiziten leidenden Industrieländer, sondern auch an den wirklich Armen dieser Welt. Dem ist jedoch entgegenzuhalten, dass die international orientierten privaten Kapitalgeber — so sehr auch allfällige wucherische Ausbeutung von ihrer Seite dem moralischen Verdikt verfiele — an und für sich keine altruistischen Hilfsinstitute darstellen, sondern wirtschaftende Subjekte sind, die Anspruch auf angemessenen Gewinn aus dem eingesetzten Kapital haben. Es wäre illusorisch zu erwarten, dass seitens privater Kreise die Aufgaben der öffentlichen Kapitalhilfe übernommen werden könnten. Da die Eurobanken den Entwicklungsländern ihre Kredite bislang immer zu durchaus vertretbaren Bedingungen gegeben haben, die Entwicklungsländer zudem bei Verschuldung am Euromarkt den dreifachen Vorteil von Schnelligkeit und unbürokratischem Vorgehen, Freiheit in der Verwendung der aufgenommenen Kredite und Fehlen einschränkender „Nebenbedingungen" wie wirtschaftspolitischen Auflagen usw. haben, ist der Gewinn an der Kapitalanlage in der Dritten Welt via Euromarkt unter moralischen Gesichtspunkten vollauf zu rechtfertigen.

Eine andere Frage richtet sich auf die Verteilung des Eurokapitals an die verschiedenen Staaten. Hier zeigt sich sehr rasch, dass in erster Linie die entwickelteren unter den „Less Developed Countries (LDC)" als Kreditnehmer auftreten. Von den 13,3 Mrd. Dollar Eurokrediten des Jahres 1977, die an die Entwicklungsländer unter Ausschluss der OPEC-Staaten flossen, gingen 10 Mrd. Dollar an die sogenannten „higher income countries", wohingegen die wirklich armen Länder, die zur Gruppe der „lower income countries" zählen, ganze 0,1 Mrd. Dollar an Eurokrediten zugeteilt erhielten. Es ist offensichtlich, dass Länder wie Brasilien oder Mexiko, die 1976 mit 45,6 Mrd. Dollar bzw. 27,2 Mrd. Dollar ohnehin der Welt grösste Schuldner waren, am Euromarkt bevorzugt behandelt werden. Doch darf auch an dieser Ungleichverteilung für die Kapitalanleger des Euromarktes kein moralisches Unwert-Urteil abgeleitet werden. Es ist nämlich festzuhalten, dass bereits aus rein kommerziellen Überlegungen die Eurobanken nicht Gelder in Länder transferieren können, deren Risiko bezüglich Schuldenrückzahlung und Zinsenzahlung zu hoch liegt. Sie stehen einerseits in der Verantwortung gegenüber dem auf die Sicherheit der Anlage vertrauenden Anleger und andererseits in der Pflicht, jede Liquiditätskrise wegen ausbleibenden Schuldendienstes am Euromarkt zu verhindern, damit dieser nicht über den ihm eingebauten Verkettungsmechanismus gefährdet wird und somit die weltweite Geldversorgung in Frage stellt. Daher ist vielmehr zu fordern, dass den wirklich armen Entwicklungsländern durch nicht rückzahlbare Subventionen geholfen wird, wohingegen die „higher income countries" an die internationalen Kapitalmärkte verwiesen werden. So wäre allen Parteien gedient und echte Hilfe genau dort gewährleistet, wo sie auch wirklich benötigt wird.

Direktinvestitionen zwischen gut und böse
Ein letzterer Problemkreis in der Behandlung der internationalen Kapitalanlage im globalen Spannungsfeld zwischen Nord und Süd hat sich mit den privaten Direktinvestitionen in „Less Developed Countries" zu beschäftigen. Damit verbunden ist in allererster Linie der Gedanke, dass Direktinvestitionen ein geeignetes Instrument darstellen können, um Entwicklungsländer trotz ihrer neu gewonnenen politischen Selbständigkeit nach wie vor in wirtschaftlicher Abhängigkeit zu halten. Diese latente Gefahr wird zudem dann recht aktuell, wenn – wie sich die Situation darstellt – neben einer relativ grossen Zahl kleinerer und mittlerer Firmen vornehmlich multinationale Unternehmungen mit Direktinvestitionen in Entwicklungsländern engagiert sind.

Allein die Grösse der Multis, deren Umsatz gar nicht so selten das Bruttosozialprodukt ihres Gastlandes übertrifft, verleiht ihnen eine derartige Machtfülle, dass auch der Missbrauch und damit moralisch zu verurteilendes Verhalten in greifbarer Nähe liegen.

Einige Zahlen mögen verdeutlichen, welches Ausmass Direktinvestitionen in Entwicklungsländern angenommen haben: Schätzungen der OECD aus dem Jahre 1978 beziffern die ausländischen Direktinvestitionen in Entwicklungsländern auf einen Buchwert von 76 Mrd. Dollar, und es bedarf keiner weiteren Ausführungen, dass damit der Verkehrswert auf ein Vielfaches dieses Betrages anzusetzen ist. Die jährliche Nettozunahme von Direktinvestitionen aus DAC-Ländern hat zwischen 1970 und 1976 jährlich durchschnittlich 13 Prozent betragen und dürfte 1977 einen Wert von etwa 8,8 Mrd. Dollar erreicht haben. Wie sehr einige Länder bereits in Abhängigkeit geraten sind, mögen einige Zahlen beweisen, die den kumulierten Wert der US-Direktinvestitionen im betreffenden Land im Verhältnis zum jeweiligen Bruttosozialprodukt setzen: 1970 lag das Verhältnis für Venezuela bei rund 25 Prozent, für Mexiko bei 10 Prozent, für Panama jedoch gar bei 150 Prozent. Die Macht von ausländischen Unternehmen in Staaten der Dritten Welt dürfte unbestritten feststehen.

Während sich das Machtpotential der „Multis" in der Dritten Welt anhand statistischer Daten noch recht einfach bestimmen lässt, bedarf es für die Frage nach der Moral einer differenzierteren Aussage. Unter dem Blickwinkel der Moral lassen sich fünf Angriffspunkte herausschälen: die Konzentration der Direktinvestitionen auf wenige Gastgeberländer, die unangepasste Übernahme kapitalintensiver Verfahren, der Rücktransfer von Gewinnen an die Muttergesellschaft, die Ausnutzung von Marktmacht und schliesslich der Eingriff in die internen politischen Verhältnisse des Gastgeberlandes. Ihnen sollen unter dem weiten Thema des Nord-Süd-Dialogs unsere letzten Ausführungen gehören.

Streitpunkt „Multis"
Es herrscht kein Zweifel, dass Direktinvestitionen von multinational operierenden Unternehmungen mit Vorliebe in sogenannten fortgeschrittenen Entwicklungsländern getätigt werden. So entfielen von den Netto-Direktinvestitionen 1975/76 auf Lateinamerika 40 Prozent und auf Asien 42 Prozent; Afrika musste sich mit ganzen 11 Prozent bescheiden. Und ein Blick auf die Rangfolge der empfangenden Staaten belegt eindeutig die Richtigkeit obiger These: Brasilien, Indonesien, die Bermudas, die Bahamas, Zaire, Argentinien, die Niederländischen Antillen, Peru und die Philippinen vereinigten 1976 56 Prozent vom Total der in Entwicklungsländern vorgenommenen Direktinvestitionen auf sich. Jedoch ist den investierenden Unternehmungen aus dieser Konzentration kein Vorwurf zu machen. Es ist nämlich zu berücksichtigen, dass die ärmeren Entwicklungsländer in vielen Fällen – abge-

sehen von der Tatsache, dass sie allenfalls als Rohstofflieferanten, keinesfalls aber als Absatzmärkte in Frage kommen – gar nicht die notwendige Infrastruktur zur Verfügung stellen, die für die Errichtung von Anlagen nötig sind. Es darf nicht erwartet werden, dass Investitionen in Ländern erfolgen, die weder ein selbst bescheidenen Ansprüchen genügendes Transport- und Kommunikationssystem vorweisen noch über zureichend ausgebildete Arbeitskräfte verfügen. Die investierenden Unternehmungen müssen auch in Entwicklungsländern nach der Startphase in die Gewinnzone gelangen. Fehlen die notwendigen Voraussetzungen, so entspricht es der ökonomischen Vernunft, auf die Investition zu verzichten.

Der wohl schwerwiegendste Vorwurf, der an die Adresse der Multis gerichtet werden kann, lautet dahingehend, dass aus dem Mutterland übernommene und nicht oder nur geringfügig angepasste kapitalintensive Verfahren importiert werden, die der Volkswirtschaft des Entwicklungslandes nur geringe Vorteile bringen, ihr oft sogar schaden. In der Tat sollten Investitionen in unterentwickelten Regionen in erster Linie auch wichtige beschäftigungspolitische Impulse auslösen; denn – im Gegensatz zum industrialisierten Norden – sind in diesen Ländern Arbeitskräfte im Überfluss, Kapital aber nur knapp vorhanden. Diese Problematik spielt um so krasser, wenn die Investition gar nicht erst noch mit einer Devisenübertragung verbunden ist, weil das für den Auf- oder Ausbau einer kapitalintensiven Produktionsstätte notwendige Kapital durch Kreditaufnahme auf dem Kapitalmarkt des Gastgeberlandes oder durch Reinvestitionen von Gewinnen aufgebracht wird. Doch sind auch hier zugunsten der Investoren Entlastungsargumente anzubringen. Zum einen sind die Gastgeberländer zum Teil gar nicht in der Lage, die erforderlichen Arbeitskräfte zu stellen. Zum anderen sind es die aufnehmenden Staaten selbst, die beschäftigungswirksame Investitionen verhindern, indem sie ihre eigene Währung überbewertet lassen und damit den Import von Investitionsgütern begünstigen oder – und hier dürfte das entscheidende Problem liegen – vielfach „Repräsentationsobjekte" wünschen, die sich regelmässig nur mit grossem Aufwand an Kapital verwirklichen lassen, da die Anlagen selbstverständlich dem neuesten Stand modernster Technik entsprechen sollen – und demgemäss kaum auf inländische Arbeitskräfte angewiesen sind. Der moralischen Verpflichtung kann in solcher Situation nur Genüge getan werden, wenn die investierende Unternehmung und das Gastgeberland gemeinsam die Bedürfnisse der empfangenden Volkswirtschaft berücksichtigen und im Anschluss daran eine angepasste Konzeption entwickeln.

Häufig neigen Unternehmungen, die in Entwicklungsländern investieren, dazu, Gewinne ihrer Tochtergesellschaften möglichst weitgehend an die Mutter zurückzutransferieren. Zu diesem Zwecke bedienen sie sich neben der eigentlichen Gewinnausschüttung mit Vorliebe — weil häufig steuerlich günstiger — der Verzinsung von Darlehen (das zudem häufig notwendiges Eigenkapital vertritt), Lizenzgebühren für Patente und Markenrechte usw., Entschädigungen für die Übertragung von Know how und für Dienstleistungen der Konzernzentrale sowie überhöhter Verrechnungspreise für an die Tochtergesellschaft im Entwicklungsland von deren Mutter- oder Schwestergesellschaften erbrachten Güter und Dienstleistungen. Solche Praktiken, die zum Ziele haben, möglichst wenig Eigenkapital in der Tochtergesellschaft stehen zu lassen und damit der unterentwickelten Volkswirtschaft zur Verfügung zu stellen, mögen eine gewisse Rechtfertigung finden, wenn starke Inflation die Gefahr von Devisenbewirtschaftung mit Transferverbot heraufbeschwört oder wenn Nationalisierungsbestrebungen deutlich werden. Im übrigen aber gilt es, die Gewinne in angemessener Weise zwischen dem Konzern und dem Gastgeberland aufzuteilen, da beide durch ihre Leistungen am Unternehmenserfolg beteiligt sind. Andernfalls ist nicht nur zu erwarten, dass die Entwicklungsländer die Multis der Ausbeutung bezichtigen, sondern darüber hinaus zu gesetzlichen und damit starren Regeln über die Höhe des zulässigen Rücktransfers greifen. Schrittmacher in diese Richtung sind die Mitgliedstaaten des lateinamerikanischen Andenpaktes.

Grossen moralischen Bedenken ausgesetzt sind Eingriffe von Multis in die nationalen politischen Verhältnisse des Entwicklungslandes. Unternehmungen dürfen sich nicht die Rechte eines Staates im Staate anmassen. Selbstverständlich steht ihnen das Recht zu, in sie betreffenden Fragen ihren legitimen Einfluss geltend zu machen. Dieser darf jedoch nicht zu illegalem Druck, den die Macht ermöglicht, ausgenutzt werden. Auch im wirtschaftlichen Bereich ist Macht, hier als Marktmacht zu verstehen, gern dem Missbrauch ausgesetzt, indem Unternehmungen versuchen, durch Monopolisierung der Märkte die betroffenen Entwicklungsländer in neue Abhängigkeiten zu verwickeln, aus denen sie sich nur noch schwer lösen können. Wenngleich häufig die

Regierungen selbst an ihrem Unglück schuld sind, indem sie durch entsprechende protektionistische Politiken Monopole geradezu provozieren, sollten sich im Ausland investierende Unternehmungen als faire Marktpartner verstehen, die sich einem gesunden Konkurrenzkampf stellen und nicht ihre international aufgebaute Macht dazu verwenden, nationale und vielleicht noch im Aufbau begriffene Gegner aus dem Markt zu drängen.

Obwohl die privaten Direktinvestitionen – wie gesehen – zu einer ganzen Reihe von Punkten moralischer Kritik Anlass geben könnten, stellten offizielle Vertreter der OECD noch unlängst fest, dass die Aktivität von Auslandsfirmen in Entwicklungsländern zum überwiegenden Teil zur Zufriedenheit aller Beteiligten und mit gegenseitigem Nutzen abgewickelt wird. Dieses Urteil basiert nicht zuletzt auf den zahlreichen Vorteilen, die Direktinvestitionen dem Gastland in den meisten Fällen erbringen: Erhöhung der Beschäftigtenzahl und des Arbeitseinkommens, Ausbildung von Arbeits- und Führungskräften, Übertragung von know how in Produktion und Management, erhöhte Deviseneinnahmen durch verstärkte Exporte. Trotz aller Angriffe scheinen die multinationalen Unternehmungen auch in der Dritten Welt ihre positiven Wirkungen zu entfalten.

62 Kapitalanlage zwischen Ost und West

Im Machtringen der beiden grossen Ideologieblöcke dieser Welt, im Kampf um die Vorherrschaft in einzelnen Regionen und Ländern, im Wettrennen der streitenden Machtpotentiale, Volkswirtschaften und Ideologien um einen Wettbewerbsvorsprung, hat auch das Problem der Kapitalanlage stets eine wesentliche Rolle gespielt. Kapital wurde von den Giganten eingesetzt, um ihre Einflussphäre zu erweitern. Kapital wurde entzogen, um die Wirtschaftskraft der Gegenseite zu schwächen oder untreue Glieder des eigenen Machtfeldes zu „bestrafen". Mit Kapital wollte der Westen den östlichen Wirtschaftsraum erobern, und Kapital ist nötig, damit der Osten die dringende Modernisierung seiner Wirtschaft vorantreiben kann. Indem nun aber das Kapital zwischen den Blöcken zu wirtschaftlichen wie auch zu politischen Zwecken eingesetzt wird, erweist es sich als selbständiger Machtfaktor. Dass dieser Machtfaktor im globalen Spannungsnetz zu vielerlei Missbräuchen genutzt werden kann, steht ausserhalb jeglicher Fragestellung. Daher ist gerade in diesem Bereich, wo sich ökonomische Rationalität und politisches Schattenspiel unauflöslich vereinigen, die Kritik durch die Moral in besonderem Masse anzusetzen.

Die Probleme der Kapitalanlage stellen sich in zweierlei Perspektive. Auf der einen Seite sind Ziele und Institutionen derjenigen Anlager zu betrachten, die ihr Kapital östlichen sozialistischen Staaten zur Verfügung stellen. Bestimmend in dieser Sichtweise ist die Tatsache, dass westliches Kapital in den Wirtschaftskreislauf und damit in die Verfügungsgewalt des Ostens überführt wird. Auf der anderen Seite sind diejenigen Kapitalbewegungen zu untersuchen, die durch den Gegensatz der Blöcke erst induziert werden, die also getätigt werden, um im Kräftespiel zwischen Ost und West eine – wenn auch nur räumlich sehr begrenzte – Verlagerung herbeizuführen. Nicht analysiert werden allfällige Kapitalanlagen des Ostens in westlichen Staaten; ihr Umfang ist dermassen bescheiden, dass er ohne weiteres vernachlässigt werden darf.

Westliches Kapital – für den Osten unverzichtbar
Als erstes Betrachtungsfeld öffnen sich die westlichen Kapitalanlagen in den östlichen Staatshandelsländern. Sie haben in den letzten Jahren, namentlich seit 1975, einen enormen Zuwachs erfahren. Ein bedeutender Geldüberhang auf den westlichen Finanzmärkten und der rasant zunehmende Devisenbedarf der Ostblock-Staaten liess den Schuldenberg Osteuropas sehr rasch auf eine allmählich zu Bedenken Anlass gebende Höhe ansteigen. Ende 1978 betrug die Gesamtverschuldung der Comecon-Länder Schätzungen zufolge beachtliche 58 Mrd. Dollar, wovon rund 18 Mrd. Dollar auf die Sowjetunion und die restlichen 40 Mrd. Dollar auf ihre osteuropäischen Satellitenstaaten entfielen. Die Staaten des „Rates für gegenseitige Wirtschaftshilfe (RGW)" sind somit zu einem der bedeutendsten Schuldner im internationalen Kreditgeschäft avanciert, und angesichts des stetig wachsenden Handelsbilanzdefizites der Comecon-Gemeinschaft, das von 1977 bis 1978 einen Sprung um 2,6 Mrd. auf 10,2 Mrd. Dollar machte, darf davon ausgegangen werden, dass sich die Staatshandelsländer auch in Zukunft der Finanzierungsmöglichkeiten des Westens in wohl noch steigendem Umfange bedienen werden.

Wie nun ist der Umstand zu bewerten, dass der Westen dem politischen Gegner in solchem Ausmasse Finanzhilfen gewährt? Namentlich stellt sich die Frage, ob nicht durch die Bereitstellung von knapp 60 Mrd. Dollar international konvertibler Devisen mittelbar ein wesentlicher Beitrag an den Ausbau des östlichen Machtpotentials geleistet wird. Diese Fragen lassen sich indes nur beantworten, wenn sie mit Blick auf den jeweiligen Anleger angegangen werden.

Als erste wichtige Gruppe von Kreditgebern treten Lieferanten auf, die Güter an sozialistische Staaten verkaufen. Sie dürften – mit abnehmender Bedeutung – zu knapp 30 Prozent an der Deckung des östlichen Finanzierungsbedarfs beteiligt sein. Ihre Kreditvergabe wurzelt im privatwirtschaftlichen Profitmotiv und leitet sich einzig aus ihren Exportinteressen ab. Selbstverständlich bilden solche Lieferantenkredite keine Machtmittel in den Händen der Anleger; vielmehr sind sie einzig Mittel zum Zweck: zur Realisierung des angestrebten Handelsgeschäfts mit einem östlichen Vertragspartner. Die Kreditvergabe ist sogar in erheblich stärkerem Ausmasse ein Druckmittel im Strategienbündel der östlichen Abnehmerseite, da diese – traditionell an Devisenmangel leidend – gerade bei grösseren Aufträgen die verschiedenen Anbieter hinsichtlich der Kreditbedingungen wie Volumen, Laufdauer, Zinssatz gern gegeneinander ausspielt.

Gewiss lässt sich insoweit die Auffassung vertreten, die Versorgung des politisch-ideologischen Gegners mit volkswirtschaftlich wichtigen Gütern, deren Finanzierung durch Kredite erfolge, stärke lediglich die Macht der Gegenseite, widerspreche den ureigensten Interessen des Westens und sei daher als unmoralisch zu qualifizieren. Dieser Meinung ist jedoch entgegenzuhalten, dass auch der Westen aus derartigen Kreditgeschäften seinen Nutzen zieht. Ein erstes Argument hält fest, dass die östlichen Märkte für die von Rezessionen nur zu leicht bedrohten westlichen Volkswirtschaften einen wesentlichen Entlastungsfaktor im Exportgeschäft bedeuten können. Nur zu gut sind die weitgehenden Kreditvereinbarungen in Erinnerung, die insbesondere in den Jahren 1974/76 abgeschlossen wurden, als sich die westliche Wirtschaft in einer Krise befand und der internationale Handel einen empfindlichen Rückschlag erlitt. Der Osthandel – unter Einschluss der sich daraus notwendig ergebenden Kreditvergabe – nahm einen nicht zu unterschätzenden Stellenwert in den offiziellen Wirtschaftspolitiken der Regierungen, so namentlich in der Bundesrepublik Deutschland, ein.

Ein zweites Argument verweist auf den Umstand, dass mittels kreditfinanzierter Ostgeschäfte eine gewisse Abhängigkeit des Ostens von der wirtschaftlichen Leistungs-, insbesondere aber auch Innovationsfähigkeit des Westens bewirkt werden könne, was sich letztlich in einer der sogenannten Konvergenztheorie folgenden Annäherung der Systeme widerspiegeln mag. Schliesslich wird argumentiert, dass sich mittels der mit westlichen Krediten bezahlten Importe an die Ostblockstaaten ein nicht zu unterschätzender „Demonstrationseffekt" erreichen lasse, der die Überlegenheit des kapitalistischen Wirtschaftssystems klar offenlege. Ein letzter nachdrücklicher Beweis für die Richtigkeit dieser These kann in dem Import von 10 000 VW-Golf durch die „DDR" gesehen werden, der seinen Eindruck auf die „DDR"-Bevölkerung nicht verfehlt hat. Im Ergebnis darf somit geschlossen werden, dass die Einräumung privater Lieferantenkredite an Staatshandelsländer durchaus gerechtfertigt werden kann.

Neben den mit dem Osten handelnden Unternehmen ist es aber auch der Staat, der — zumeist aus volkswirtschaftlichen Überlegungen — Lieferungen des Westens an Staatshandelsländer durch seine eigenen Kreditförderungsmassnahmen unterstützt. Auch hier spielen beschäftigungspolitische Überlegungen eine wichtige Rolle. Der wohl erste wichtige staatliche Exportkredit wurde 1966 durch Italien vorgenommen, als nämlich der italienische Staat der Sowjetunion, die an die Fiat-Werke, Turin, einen Grossauftrag über den Bau eines Autowerkes in Tagliattigrad vergeben hatte, einen 220 Mrd. Lire-Kredit zum Zinssatz von 5,5 bis 5,9 Prozent bei einer Laufzeit von zehn Jahren einräumte. Daneben aber ist ein anderes Argument von wachsender Bedeutung. Da die Sowjetunion über einen immensen Reichtum an Rohstoffen verfügt, die westeuropäischen Länder demgegenüber mehr denn je Versorgungsschwierigkeiten mit existentiell notwendigen Energieträgern zu bekämpfen haben, kann es durchaus im sehr klar umrissenen Interesse westlicher Länder liegen, durch staatliche Kredite und Kreditsubventionen Exportgeschäfte zu fördern, in deren Folge — oft als Kompensationsgeschäft — langfristig Energielieferungen erfolgen, die zweifellos einen wesentlichen Beitrag zur regionalen Diversifikation der Energieimporte zu leisten vermögen. Auf der gleichen Linie liegen staatliche Bürgschaften für private Kredite zur blossen Importförderung, unabhängig von allfälligen Exportgeschäften. Beispielhaft auf diesem Gebiet ist eine Bürgschaft der Bundesrepublik Deutschland für einen

Kredit an Polen, der der Förderung der dortigen Kupferproduktion mit dem Ziel künftiger polnischer Lieferungen an die Bundesrepublik Deutschland dient. Da solche Kreditgeschäfte des Staates von gesamtwirtschaftlichem Nutzen sind, lassen sie unter moralischem Aspekt keine Kritik zu.

Kapital und Politik
Gerade das Beispiel der USA zeigt aber auch, dass die staatlich geförderte Kreditgewährung nicht allein von ökonomischen Faktoren, sondern auch in hohem Masse von nichtquantifizierbaren politischen Bedingungen des Ost-West-Verhältnisses abhängig ist. Die USA verknüpfen nämlich die Kreditgewährung unmittelbar mit der Einschätzung der politischen Verhältnisse in der Sowjetunion, indem sie Kreditvolumen und Kreditbedingungen von Fortschritten in der Entspannung abhängig machen. Besonders zu erwähnen ist in diesem Zusammenhang das sogenannte Jackson-Vanik-Amendment, demzufolge die Kreditvergabe an kommunistische Länder von einer wesentlich erleichterten Handhabung der Auswanderungsbestimmungen, besonders für jüdische Bürger, durch die östlichen Behörden abhängt. Offensichtlich zeitigen solche Ausnutzungen westlicher Kapitalmacht indes tatsächlich Fortschritte. So zumindest darf sie seit Mitte 1978 erheblich intensivierte Auswanderung jüdischer Bürger aus der Sowjetunion interpretiert werden. Es zeigt sich also, dass die Anwendung westlicher Macht im Zuge der Kapitalanlage im Osten äusserst positive Auswirkungen entfalten kann, die unter moralischem Aspekt breiteste Zustimmung finden.

Auf einer gänzlich anderen Ebene stehen staatliche Kapitalleistungen an den Osten, die weniger ökonomischen Motiven als solchen der Wiedergutmachung von während des Zweiten Weltkrieges begangenem Unrecht folgen. In diesem Lichte sind sowohl der westdeutsche Kapitalhilfekredit an Jugoslawien 1974 in Höhe von 700 Mio. DM als auch der zinsgünstige Finanzierungskredit der Bundesrepublik Deutschland an Polen aus dem Jahre 1975 zu sehen, der sogar 1 Mrd. DM ausmachte. Beide Geschäfte gründen in der durch die deutsche Regierung übernommenen historischen Verantwortung und bildeten ein nicht zu unterschätzendes Element im Annäherungsprozess mit Osteuropa. Ihr moralischer Wert ist – bei aller Kritik, die im übrigen westliches Verhalten in den Ost-West-Beziehungen treffen mag – u. E. unanfechtbar.

Wenden wir uns der letzten Form der Kapitalanlage im östlichen Machtbereich zu, der von den nationalen und internationalen Finanzmärkten aus erfolgt. Bei einer Nettoverschuldung von 45,3 Mrd. Dollar auf Ende 1976 entfielen hiervon 64 Prozent auf westliche Banken und insoweit wiederum 85 Prozent auf europäische Banken. Es dürfte einleuchten, dass die nationalen Kreditmärkte kaum in der Lage sind, dermassen hohe Beträge aufzubringen. Zwar schlossen am 25. März 1977 die Westdeutsche Landesbank Girozentrale (Düsseldorf) und die Dresdner Bank AG (Frankfurt) mit der Sowjetunion ein Kreditrahmenabkommen über die stattliche Summe von 2,5 Mrd. DM; doch dürften Geschäfte solchen Ausmasses eher die Ausnahme bleiben. So wenden sich die osteuropäischen Schuldnerstaaten mehr und mehr dem Euromarkt zu, bei dem sie 1975 netto mit 15,3 Mrd. Dollar und zwei Jahre später bereits mit 25,1 Mrd. Dollar in der Kreide standen. Hauptkreditnehmer sind hierbei die östlichen Notenbanken sowie die beiden RWG-Banken „Internationale Bank für wirtschaftliche Zusammenarbeit" und „Internationale Investitionsbank".

Konflikte mit der moralischen Sichtweise würden sich zunächst dann ergeben, wenn die Kredite an den Osten in nur unzureichendem Masse abgesichert wären. Zwar ist unverkennbar, dass der Informationsstand über die Zahlungsfähigkeit der osteuropäischen Staaten trotz der stetig anwachsenden Verschuldung zu wünschen übrig lässt. Jedoch gelten die sozialistischen Länder bisher wegen ihrer Zahlungsmoral als akzeptable Schuldneradressen, und abgesehen von der im Gesamtrahmen eher unbedeutenden Einstellung des Schuldendienstes durch Nord-Korea haben die Länder Osteuropas ihre Zahlungsverpflichtungen stets prompt erfüllt. Die weitere Tatsache, dass die Staatshandelsländer den Grossteil ihres Exportes mit Rohstoffen oder Produkten bestreiten, die nur einen geringen Import von Vorprodukten erfordern, sowie bezüglich der Sowjetunion deren Möglichkeit zu weitreichenden Goldverkäufen lassen erkennen, dass die Kreditgewährung an Oststaaten durchaus mit gesunden Grundsätzen der Kreditvergabe vereinbar sind und damit zu keinen weiteren moralischen Bedenken Anlass geben. Zu erwägen in ihren Vorteilen ist indes eine erst seit kurzem angewandte, neue Euro-Finanzierungsform gegenüber überschuldeten Ostblockländern, nämlich die „Quasi-Verpfändung". So wurde mit Polen vereinbart, dass für einen entsprechenden Eurokredit das zukünftig zu fördernde Kupfer einer Bergwerksgesellschaft an die Eurobanken zu verpfänden sei.

Indes beinhaltet der Euromarkt in seinen Beziehungen zur sowjetischen Machtsphäre ein gewisses Gefahrenmoment. Da der Euromarkt keiner nationalen Überwachung und damit auch keiner Steuerung unterliegt, ist durchaus denkbar, dass in Zeiten verstärkter Konfrontation mit dem Osten massive Kapitalanlage des Euromarktes in Osteuropa den nationalen Politiken des Westens widerspricht, gar noch einen wesentlichen Beitrag an den Ausbau der östlichen Militärmacht leistet. Es ist offensichtlich, dass der Euromarkt aufgrund seiner Grösse und seiner Autonomie in der Lage wäre, eine solche Politik zu betreiben. Die Macht dazu besässe er. Doch ist unzweifelhaft, dass er mit dem diametralen Verstoss gegen die Interessen des Westens, aus dessen Quellen er immerhin gespeist wird, eindeutig in die Kategorie unmoralischen Verhaltens fallen würde.

Kapital: Instrument zur Erringung von Macht
Damit verlassen wir das weite Feld der Kapitalanlage von West nach Ost und wenden uns dem Bereich zu, den wir mit dem Stichwort der „durch den Ost-West-Konflikt induzierten Kapitalbewegungen" bezeichnen. Es handelt sich hierbei weitgehend um Fragen des staatlichen Kapitaltransfers. Der Ost-West-Konflikt, der während langer Jahre das Spannungsverhältnis Süd-Nord zu überdecken vermochte, hat bereits in den ersten Jahren des Kalten Krieges den wohl bedeutendsten zeitlich begrenzten internationalen Kapitaltransfer ausgelöst: den Marshallplan, der innerhalb von nur vier Jahren, 1948 bis 1951, aus den USA zum Wiederaufbau 12,4 Mrd. Dollar in die Wirtschaft von 14 west- und südeuropäischen Staaten pumpte.

Mit diesem enormen Kapitaleinsatz gelang es den USA, Westeuropa zum Bollwerk gegen den osteuropäischen Block zu gestalten. Die genannten 12,4 Mrd. Dollar bildeten eine wichtige Grösse im Spiel um Macht und Kontrolle in Europa. Eingesetzt zur Verteidigung der westlichen Freiheit, dürfen sie vollumfänglich der moralischen Anerkennung sicher sein.

Immer wieder zeigte sich, dass zwischenstaatliche Kapitalanlage im Ringen zwischen Ost und West als Machtmittel eingesetzt wurde. Während bald zwei Jahrzehnten verfolgte so z. B. die Bundesrepublik Deutschland bis 1969 die sogenannte „Hallstein-Doktrin", derzufolge die Bundesrepublik Deutschland nur denjenigen Staaten Entwicklungshilfe gewährte, welche der „DDR" die völkerrechtliche Anerkennung verweigerten. Die Wirtschaftskraft der Bundesrepublik Deutschland konnte so über den „Transmissionsriemen" Kapital während einiger Zeit als recht effizientes Machtmittel einsetzen.

In denselben Rahmen fallen die Untersützungsleistungen der Europäischen Gemeinschaft an Portugal im Anschluss an die Revolution von 1974, die die Entstehung eines kommunistischen Systems – mit Erfolg – verhindern sollten. Und auch hierher gehören die Milliarden Dollar, die – wie bereits an anderer Stelle erwähnt – die USA an Israel und Ägypten zahlen, damit der zwischen beiden Staaten abgeschlossene Friedensvertrag tatsächlich die daran geknüpften Erwartungen zu erfüllen vermag, insbesondere aber Ägypten, das namentlich unter Nasser lange im östlichen Fahrwasser trieb, eng an die westliche Nahost-Politik angekoppelt werden kann, welches Vorhaben nach dem Fall des iranischen Schah-Regimes um so grössere Bedeutung erlangt hat.

Einige abschliessende Bemerkungen zum Stellenwert der Kapitalanlage im Ost-West-Verhältnis seien dem bereits besprochenen Problem der Entwicklungshilfe gewidmet, soweit sie aus östlichen Kassen fliesst. Abgesehen von der bereits festgestellten Tatsache, dass die Entwicklungshilfe seitens sozialistischer Staaten recht bescheidene Ausmasse annimmt, lässt die regionale Verteilung dieser Gelder klare Rückschlüsse auf die damit verbundene machtpolitische Konzeption zu. Es zeigt sich nämlich, dass der Löwenanteil der östlichen Kapitalleistungen an Entwicklungsländer auf solche Staaten entfallen, die wie Indien, Afghanistan und Pakistan an den sowjetischen Machtbereich anstossen oder die wie die arabischen Länder und einige südafrikanische Staaten von unmittelbarer Bedeutung im globalen strategischen Konzept des Ostens sind. Die Türkei bildet insofern einen Sonderfall, als sie zum einen die östlichste Flanke der NATO an der Grenze der Sowjetunion bildet und zum anderen den für die Bewegungsfreiheit der sowjetischen Mittelmeerflotte wichtigen Durchgang durch den Bosporus kontrolliert. Hieraus ergibt sich sehr deutlich, dass die Entwicklungshilfe – und damit die Kapitalanlage in ärmeren Ländern – in erster Linie eine Machtfrage darstellt. Dass auf diese Weise nur einige Staaten in den Genuss von Hilfeleistungen gelangen, die zudem nicht einmal zu den bedürftigsten Ländern dieser Erde zählen, lässt das Entwicklungshilfe-Konzept der Sowjetunion und seiner Trabanten unter moralischem Aspekt als wenig anerkennenswert erscheinen. Die Moral der finanziellen Hilfeleistung hat sich hier in eindeutiger Weise den machtpolitischen Zielvorstellungen unterzuordnen.

63 Die Rolle der Schweiz in der internationalen Kapitalanlage

Nachdem in den vorangegangenen Abschnitten dieses Kapitels den globalen Zusammenhängen der internationalen Kapitalanlage nachgegangen worden ist, soll nunmehr und quasi als Abschluss unserer Betrachtungen nach der Rolle gefragt werden, welche die Schweiz im weltumspannenden Geflecht der Kapitalanleger übernommen hat. Dass die Schweiz überhaupt für die internationalen Finanzverhältnisse Bedeutung gewonnen hat, mag erstaunen; denn politisch gesehen ist die Eidgenossenschaft ein Zwerg, und auch hinsichtlich ihrer (produktions-)wirtschaftlichen Leistungskraft darf sie allenfalls als Kleinmacht angesehen werden. Und dennoch – oder gerade deshalb? – ist die Schweiz für den Kapitalanleger von eminenter Wichtigkeit. Obwohl auch die Schweiz in ihrer langen Geschichte als Kapitalvermittler, die sich einige Jahrhunderte zurückverfolgen lässt, von Rückschlägen nicht verschont geblieben ist, nimmt die Schweiz unter den Finanzplätzen dieser Erde nach New York, das unangefochten an der Spitze steht, und London, dem sie indes in einigen Bereichen bereits den Rang abgelaufen hat, die dritte Position ein.

Was nun aber kennzeichnet die enorme Stellung der Schweiz für die internationale Kapitalanlage? Einige Stichpunkte mögen zur Einführung genügen: Das überaus leistungsfähige System der schweizerischen Banken – unter Einschluss der Finanzgesellschaften – liess die Schweiz zu einem Kapitalumschlagplatz erster Güte heranwachsen: Die Schweiz belegt in Europa „Platz Eins" sowohl für die Emission klassischer, mittel- und langfristiger Auslandsanleihen wie auch für die Plazierung von Eurobonds. Ihre hohe Plazierungskraft erlaubt es den schweizerischen Banken des weiteren, innerhalb der Emissionskonsortien am Euromarkt einen beachtlichen Part zu tragen. Ein geschätztes Vermögen von über 300 Mrd. Franken erfährt seine Verwaltung in der Schweiz; und schliesslich unterstreichen der über die Schweiz getätigte Devisenhandel, dessen Jahresumsatz Schätzungen auf bis zu 800 Mrd. Franken taxieren, und der Goldhandel, in welchem die Schweiz seit Bildung des Zürcher Goldpools im Frühjahr 1968 unangefochten an erster Stelle liegt, die Machtposition, welche den „Zürcher Gnomen" durch Fleiss, grosses Know how und auch glückliche Umstände zugefallen ist.

Aber nicht nur der „Finanzplatz Schweiz" erregt das Interesse des Kapitalanlegers. Die gesunde Wirtschaftsstruktur liess so manches Unternehmen in der Schweiz Direktinvestitionen vornehmen, wie auch zahlreiche Ausländer danach trachteten und trachten, schweizerischen Grund und Boden ihr Eigen zu nennen. Doch auch die schweizerische Wirtschaft trifft weltweit als Investor auf: Ende 1976 wurden die schweizerischen Direktinvestitionen im Ausland auf 45,5 Mrd. Franken angesetzt; der Nestlé-Konzern, mit 20 Mrd. Franken im Jahre 1977 der Schweiz umsatzstärkste Unternehmung, besitzt über 90 Prozent seiner Sachanlagen ausserhalb des Mutterlandes; fünf Sechstel der Arbeitnehmerschaft der sechs grössten schweizerischen multinationalen Unternehmungen befinden sich im Ausland.

Allein schon die wenigen vorstehend angeführten Daten dürften einen plastischen Eindruck vermitteln davon, welche Macht die Schweiz im Rahmen der internationalen Kapitalanlage verkörpert. Kapitalimport und -export sind für die Eidgenossenschaft wohl gleichermassen bedeutsam wie die Handelsströme. So ist im Anschluss unter macht- und moralbezogenen Gesichtspunkten auf zweierlei Problemkreise eine Antwort zu geben: Wie sind ausländische Kapitalanlagen in bzw. via der Schweiz zu beurteilen, und wie stellt sich die Frage, wenn schweizerische Investitionen im Ausland ins Auge gefasst werden? Ein nächster Schritt möge uns den ersteren Fragenkomplex näherbringen.

631 Die Schweiz — von ausländischem Kapital überflutet

Die Schweiz ist seit jeher Fluchtort und Anlageziel ausländischen Kapitals gewesen. Sie lockt Geld an, da ihre gesunde wirtschaftliche und stabile politische Situation aus Investitionen angemessene Rendite erwarten lässt. Sie zieht aber auch Kapital in ihr Territorium, das daselbst keineswegs wirtschaftlich-aktiven Funktionen zugeführt wird; es handelt sich dabei viel eher um Kapital, das lediglich zum Zwecke der Vermögensverwaltung — oft genug mit der Überlegung verbunden, es dergestalt aus dem Heimatland des Anlegers in die sicheren Gefilde der Schweiz verbracht zu wissen — über die Grenze gelangt. Gerade letzteres

Vorgehen wird seit einigen Jahren immer wieder unter dem Blickwinkel der Moral heftigen Angriffen ausgesetzt.

Im Jahre 1977 betrugen die Auslandsverbindlichkeiten schweizerischer Banken beachtliche 96 Mrd. Franken, verglichen mit 49 Mrd. Franken in 1969 oder gar nur knapp 8 Mrd. Franken zu Beginn der sechziger Jahre. Während sich das Bilanzsummentotal seit 1960 bis 1977 lediglich versechsfachte, nahmen die Auslandsverbindlichkeiten somit um das Zwölffache zu, die Auslandsguthaben im übrigen gar um das Sechzehnfache. Die Auslandsverbindlichkeiten machten 1977 rund 26 Prozent der Gesamtpassiven aus, wenngleich eine deutliche Stagnation während der letzten Jahre feststellbar ist. So betrugen die Auslandsverbindlichkeiten bereits 1971 77,5 Mrd. Franken und nur in den Jahren 1975/76 konnten Steigerungsraten von gut 10 Prozent erreicht werden. Der Grossteil der Auslandsgeschäfte entfällt hierbei auf die Grossbanken und die zu ausländischen Banken gehörenden Filialen bzw. ausländisch beherrschten Banken in der Schweiz. Auch im Felde des von schweizerischen Banken verwalteten Vermögens in Höhe von einigen 300 Mrd. Franken darf mit Sicherheit angenommen werden, dass ein erheblicher Anteil daran in ausländischem Besitze steht, worauf unter anderem auch der Umstand hindeutet, dass über 50 Prozent der verwalteten Werte ausländische Titel umfassen.

Moralisch nicht immer einwandfrei
Wie aber sind die Kapitaltransfers in die Schweiz zu bewerten? Es dürfte einsichtig sein, dass ausländische Anleger, die in ihrem Heimatstaate mit keinen Devisenrestriktionen konfrontiert sind und die ihre schweizerischen Guthaben in vollem Umfange ihrer zuständigen Steuerbehörde melden, zu moralischer Kritik keinen Anlass bieten. Anders stellt sich die Lage jedoch dar, wenn durch den Kapitaltransfer Verstösse gegen die Devisengesetzgebung begangen oder aber Steuern hinterzogen werden. Eine Person oder eine Unternehmung, die entgegen den gesetzlichen Bestimmungen Kapital ohne Bewilligung ausser Landes schafft, handelt – hier helfen auch Beschönigungsversuche nichts – illegal. Sie stellen sich abseits der rechtlichen Ordnung und verdienen daher die Verfolgung durch das verletzte Rechtssystem. Gewiss mag man auch in solchen Fällen argumentieren, nur durch die widerrechtliche Anlage des Kapitals im Ausland sei die damit definitionsgemäss verknüpfte wirtschaftliche Ertragskraft zu bewahren; denn bliebe das

Kapital innerhalb der von Devisenschranken gesäumten Landesgrenzen, so verliere es wegen zu hoher Steuerlast, Inflation oder mangelnder inländischer Investitionsanreize seinen Wert. Dem ist jedoch entgegenzuhalten, dass in Situationen, da ein Staat den Kapitalverkehr mit Einschränkungen belegt, diese in aller Regel zum Nutzen des Staatsganzen ergriffen werden. Folglich verstösst gegen die Solidarität der Staatsbürger, in schweren Zeiten gemeinsame Lasten zu übernehmen, wer sich durch Flucht solcher gemeinschaftlicher Verantwortung entzieht. Neben die rechtliche Verfolgung tritt der moralische Anspruch.

Sofern indes Kapitaltransferbeschränkungen fehlen, darf dem internationalen Kapitalanleger kein Vorwurf gemacht werden, wenn er die stabile Schweiz den unsicheren Bedingungen in seinem Heimatstaate vorzieht. Niemand ist moralisch verpflichtet, Kapital in dem Lande anzulegen, in dem er es erworben hat. Dies gilt namentlich dann, wenn es im eigenen Lande dem steten Wertzerfall ausgesetzt ist. Die Flucht in die Schweiz verstösst auch dann nicht gegen moralische Prinzipien, wenn sie allfälligen Einschränkungen zuvorzukommen trachtet. Wohl mögen Fluchtaktionen grösseren Umfanges Devisenbeschränkungen erst recht herausfordern, doch auch in dieser Sichtweise bilden sie nicht mehr als ein Symptom, dessen reale Ursachen in den schlechten wirtschaftlichen Bedingungen des Landes zu suchen sind. Gleiches gilt für Kapitalanlagen in der Schweiz, die mit Blick auf drohende Enteignungsmassnahmen des Heimatstaates erfolgen. Kein Bürger unterliegt der moralischen Pflicht, der Enteignung zu harren.

Es wäre müssig, an dieser Stelle dem Problem der Steuerflucht allzu breiten Raum zu gewähren. Es zählt zum grösseren Komplex der Steuerverminderung, die sich angesichts der schweren Abgabelasten in anderen Staaten mit durchaus guten Gründen verfechten lässt. Wesentlicher und für die Schweiz von erheblich grösserem Interesse erscheint die Frage, ob sich die Eidgenossenschaft nicht dadurch, dass sie für Steuerfluchtgelder einen sicheren Anlageplatz bietet, dem Vorwurf der Hehlerei aussetzen müsse. Die Schweiz hat bislang allen Druckversuchen widerstanden, das Bankgeheimnis insoweit zu lockern, als es auch in Verfahren wegen Fiskalvergehen jede Auskunft an ausländische Steuerbehörden verbietet. Dieser Grundsatz wurde bislang namentlich auch in allen Doppelbesteuerungsabkommen durchgehalten — und dies mit Recht. Es kann nämlich nicht Aufgabe des schweizerischen Gesetzgebers sein, für die Durchsetzung ausländischen Steuerrechts Sorge zu tragen. Die Schweiz bietet mit ihrem eigenen Steuersystem die Möglichkeit, weitgehend frei von die wirtschaftliche Leistungskraft unnötig beeinflussenden Besteuerungsmassnahmen Kapital arbeiten zu lassen. Wenn Kapital in die Schweiz gelangt, weil es in anderen Staaten einer wirtschaftlichen Zweifach- oder gar Dreifachbelastung unterliegt oder weil im Todesfalle darauf exorbitante Erbschaftssteuern zu zahlen sind, so liegt die primäre Ursache für den Kapitaltransfer weniger in den günstigen Bedingungen, die sich in der Schweiz bieten, als vielmehr in der Tatsache, dass es im Ausland an einem rationalen Steuersystem mangelt oder aber der Grundsatz der leistungsgerechten Besteuerung allzu einseitig gehandhabt wird. Dass sich neben solchen wirtschaftlich vollauf begründbaren Verlagerungen auch Fälle finden, in denen das schweizerische Bankgeheimnis konsequent zum Zwecke der Steuerhinterziehung ausgenutzt wird, ist zweifellos bedauerlich und zu verurteilen. Daraus kann jedoch nicht die Folgerung abgeleitet werden, das Bankgeheimnis sei zu lockern; denn dieses dient vor allem und in vorderster Front der Deckung legitimer geschäftlicher Interessen.

Schlechte Zeiten für dunkle Geschäfte
Die schweizerischen Banken würden sich jedoch dann dem Vorwurf unmoralischen Verhaltens aussetzen, wenn sie aktive Beihilfe zur Kapital- und Steuerflucht leisten würden. Solche Fälle sind in der Vergangenheit vereinzelt passiert und haben zurecht internationale Empörung hervorgerufen. Aus diesem Grunde ist die Vereinbarung über die Sorgfaltspflicht der Banken, die am 1. Juli 1977 zwischen den in der Schweiz domizilierten Banken und der Schweizerischen Bankiervereinigung einerseits und der Schweizerischen Notenbank andererseits in Kraft getreten ist, sehr zu begrüssen. In ihr gelten Beihilfen zur Kapitalflucht, zur Steuerhinterziehung usw. als verpönt. Namentlich verboten sind demnach der „organisierte Empfang von Kunden im Ausland ausserhalb der eigenen Bankräumlichkeiten zwecks Entgegennahme von Geldern; Bestellung von Agenten im Ausland zur Organisation der Kapitalflucht; Versprechen von Provisionen an Kapitalfluchthelfer und an Vermittler von Fluchtkapital". Auch Täuschungsmanöver gegenüber dem ausländischen Fiskus finden keine stillschweigende Unterstützung mehr. Die Androhung von Konventionalstrafen bis zu 10 Mio. Franken sorgt dafür, dass das bedruckte Papier nicht nur leerer Buchstabe bleibt.

Die schweizerischen Banken haben die ihnen obliegende moralische Verpflichtung in hinreichendem Masse angenommen.

Im weiteren lässt sich feststellen, dass die Schweiz auch mit dem zwischen ihr und den USA abgeschlossenen, seit Anfang 1977 in Kraft stehenden Rechtshilfeabkommen einen Schritt in die richtige Richtung unternommen hat. Darin sind nämlich besondere Vorschriften über das organisierte Verbrechen enthalten, die insbesondere auch bestimmen, dass im Verfahren gegen Mafia-Bosse auch fiskalische Auskünfte geleistet werden können. Die Eidgenossenschaft ist sich der Angriffsflächen, die sie als Kapitalsammelstelle bietet, bewusst geworden und zieht aus dieser Erkenntnis sukzessive die notwendigen Schlüsse. Der in der Beratung befindliche Entwurf zu einem Bundesgesetz über internationale Rechtshilfe in Strafsachen wie auch die Bestimmung der oben angeführten Vereinbarung über die Sorgfaltspflicht, derzufolge die Banken die Identität ihrer Kunden zuverlässig abzuklären haben, lassen die Vermutung zu, dass sich die Pforten der Schweiz für dunkle Elemente recht bald hermetisch schliessen werden. Von daher darf der Eidgenossenschaft attestiert werden, dass sie die ihr aus ihrer Machtfülle erwachsene moralische Verantwortung in anerkennenswerter Weise akzeptiert hat.

Die Gefahr der kapitalmässigen Überfremdung
Ein ganz anders gelagertes Problem stellt sich im Blick auf ausländische Direktinvestitionen in der Schweiz. Hier nämlich geht es nicht mehr um die Frage nach der Moral; vielmehr stellt sich das Phänomen der Macht zur Diskussion. In der Schweiz sind in der Tat Befürchtungen aufgekommen, die einheimische Wirtschaft könne durch ausländisches Kapital unterminiert werden. Einige Zahlen mögen eine Vorstellung darüber geben, welches Ausmass Investitionen von Ausländern bislang erreicht haben. Während noch 1973 die ausländischen Direktinvestitionen in der Schweiz ein Total von 8,6 Mrd. Franken erreichten, betrugen sie 1976 bereits 11,5 Mrd. Franken. Innert drei Jahren ist somit ein Wachstum von nicht weniger als 35 Prozent zu verzeichnen, welches im Trend auch in den Nachfolgejahren angehalten hat. Der Anteil am Bruttosozialprodukt ist dergestalt von 6,4 auf 8 Prozent gestiegen.

Zweifellos spricht aus den ausländischen Investitionen in der Schweiz ein gewisses Machtpotential. Doch darf daraus kaum der Schluss gezogen werden, die schweizerische Wirtschaft sei durch Überfremdung gefährdet. Es ist nämlich zu bedenken, dass die Schweiz seit jeher auf die internationale Wirtschaftsverflechtung ausgerichtet war und selbst in hohem Masse mit Direktinvestitionen im Ausland vertreten ist. Als Preis für die Einbindung in das internationale Wirtschaftsgeschehen, ohne welche die Schweiz heute kaum mehr existieren könnte, ist ein gewisses ausländisches Engagement im Lande selbst hinzunehmen. Die Schweiz mit einem der höchsten Pro-Kopf-Einkommen der Welt, das sich 1977 auf 9 500 Dollar belief, ist ein bedeutendes Verbraucherland, und im Zuge der Multinationalisierung der Wirtschaft und in Überwindung der klassischen Beschränkung auf den Handel ist die Attraktivität der Schweiz für ausländische Direktinvestitionen nicht weiter erstaunlich.

Jedoch ist den grossen schweizerischen Aktiengesellschaften das Recht nicht zu verwehren, durch geeignete Massnahmen dafür zu sorgen, dass eine solide Mehrheit der Anteilseigner Schweizerbürger sind. Aus diesem Grunde sind Präventivaktionen wie die Einführung vinkulierter Namenaktien, die nur in sehr beschränktem Masse übertragbar sind, oder von Partizipationsscheinen anstelle von stimmberechtigten Aktien, durchaus verständlich. Die Schweiz — wie jeder andere Staat auch; man erinnere sich nur an den Ankauf eines beachtlichen Aktienpaketes an der Daimler-Benz AG durch die Dresdner Bank AG, die so eine Sperrminorität des Erdölscheichtums Kuwait zu verhindern wusste — hat ein nationales Interesse daran, dass ihre wichtigen Unternehmungen in inländischem Besitz bleiben. Darüber hinaus sind jedoch ausländische Direktinvestitionen durchaus positiv einzustufen.

632 Die Schweiz — Kapitalmacht auf ausländischen Märkten

So wie die Schweiz für Milliardenbeträge Empfangsstation bildet, so tritt sie genau so mächtig international als Kapitalanleger auf. Die Schweiz ist kein Wirtschaftsraum wie beispielsweise die USA, die wohl ohne weiteres in der Lage wären, Auslandskapital in dem der Schweiz zufliessendem Ausmasse unmittelbar in den eigenen Wirtschaftskreislauf hineinzupumpen. Die Eidgenossenschaft, von ausländischem, Anlage suchendem Kapital bedrängt, im eigenen Lande durch inländische Ersparnisse die Investitionen übertreffend, muss den Weg ins Ausland nehmen. Das sich in ihrem Schosse sammelnde Kapital wird umgelenkt und weitergeschickt.

Auch hier mögen einige Zahlen einen Eindruck von dem imposanten Machtimperium ausserhalb der eigenen Grenzen liefern. Die schweizerischen Direktinvestitionen im Ausland beliefen sich 1976 auf 45,5 Mrd. Franken, also auf das Vierfache des in der Schweiz investierten Kapitals. Die Auslandsforderungen des schweizerischen Bankensystems erreichten in rasanter Steigerungsrate 1977 einen Stand von 126 Mrd. Franken, womit der Nettoauslandstatus auf einen Überschuss von 32,5 Mrd. Franken oder, unter Einrechnung der Treuhandverhältnisse, gar von 38,1 Mrd. Franken zu stehen kam. Durchschnittlich fliessen 40 bis 60 Prozent der Euro-Bond-Plazierungen in von schweizerischen Banken verwaltete Portefeuilles, so dass die Schweiz allein in dieser Form im Zeitraum 1963 bis 1977 etwa 35 Mrd. Dollar Kapital anlegte. 1975 machten die schweizerischen Investitionen in den USA 2,5 Mrd. Dollar aus und betrugen damit 30 Prozent mehr als die deutschen Investitionen — und dies bei einem fast achtmal geringeren Bruttosozialprodukt. Und die im Ausland eingesetzte Kapitalkraft erweist sich zudem als äusserst lukrativer Posten. 1977 wies die Ertragsbilanz dank eines Überschusses der Kapitalerträge von 6 030 Mio. Franken einen Saldo von plus 8 270 Mio. Franken aus.

Es besteht überhaupt kein Zweifel, dass die Schweiz weltweit zu einem unverzichtbaren Finanzier herangewachsen ist. Aus schweizerischen Quellen fliesst ein Grossteil der Gelder, die für das Stopfen von Zahlungsbilanzlöchern dringend erforderlich sind. Die Aufnahmekapazität des Kapitalmarktes Schweiz für ausländische Schuldner beweisen eindrücklich einige neueste Daten aus den Anfangsmonaten von 1979. Während 1978 bereits ein bewilligungspflichtiger Kapitalexport von 22 Mrd. Franken zu verzeichnen war, steigerte er sich in den ersten vier Monaten von 1979 auf rund 12 Mrd. Franken. Hieraus entfielen knapp 2 Mrd. Franken auf herkömmliche Auslandsanleihen, 5,33 Mrd. Franken auf Kredite und 4,75 Mrd. Franken auf sogenannte „Notes". Aus diesem Zahlenmaterial ist leicht zu erkennen, wie hoch die Bedeutung der Schweiz für die internationale Verschuldungssituation einzuschätzen ist. Obwohl sich die schweizerischen Banken so als wichtige Akteure im internationalen Kapitalanlagegeschäft etabliert haben, sind Verhaltensweisen, die einem moralischen Unwerturteil anheimfallen würden, bis heute nicht aufgetreten. Offensichtlich ist sich die schweizerische Bankenwelt ihrer besonderen Verantwortung in vollem Umfange bewusst.

Auslandsinvestitionen als Notwendigkeit
Dass die Schweiz über ihr überaus leistungskräftiges Finanzsystem in der Lage ist, Kapitalgeber für die ganze Welt zu spielen, ist hinreichend bekannt. Doch ist die Eidgenossenschaft nicht nur als Kreditgeber von weltweiter Bedeutung; auch mit ihren Direktinvestitionen in aller Herren Länder nimmt sie auf internationalem Parkett eine beachtliche Stellung ein. Zwar dürfte die Vermutung gerechtfertigt sein, ein nicht unerheblicher Teil helvetischer Direktinvestitionen im Ausland sei auf die Aktivitäten ausländisch beherrschter Holdinggesellschaften mit blossem Sitz in der Schweiz zurückzuführen. Dennoch ist festzuhalten, dass national-schweizerische Unternehmungen weltweit in das Wirtschaftsgeschehen eingreifen – und in den letzten Jahren mit dem stetig aufwärts floatenden Franken im Rücken in besonders starkem Masse im Ausland Akquisitionen vorgenommen haben.

Für die schweizerischen Unternehmungen, die zu einem wesentlichen Teil in erheblichem Umfange auslandsorientiert sind, hat sich die Kapitalanlage im Ausland durch Direktinvestitionen als unbedingt erforderlich erwiesen, um im internationalen Wirtschaftsgeschehen konkurrenzfähig zu bleiben. Die traditionelle schweizerische Exportwirtschaft konnte nämlich nicht untätig bleiben, als neue Daten Umstrukturierungen erforderlich machten. Zum einen drohte auch den schweizerischen Unternehmungen im absatzpolitischen Sektor Gefahr, da immer mehr Staaten dazu übergingen, im Inland produzierte Güter zu schützen, und aus diesem Grunde, wie auch zur Entlastung defizitärer Handelsbilanzen, Zölle und andere Handelshemmnisse in erweitertem Masse einführten. Die schweizerische Exportwirtschaft lief Gefahr, vor den Grenzen ihrer Absatzmärkte stehenzubleiben. Zum andern konnte die Erkenntnis nicht verborgen bleiben, dass der Standort Schweiz wegen der dort besonders hohen Kosten nicht vollumfänglich aufrechterhalten werden konnte. Die schweizerische Industrie musste sich nach kostengünstigeren Gefilden für ihre Produktionsstätten umsehen. Solches Verhalten ist weder Ausdruck von Macht, noch kann es einer moralischen Wertung zugeführt werden. Schweizerische Investitionen im Ausland sind das Ergebnis wirtschaftlicher Zwänge, und jede Unternehmung, die sich ihnen auf Dauer entgegenzustellen versuchte, wäre über kurz oder lang zum Untergang verurteilt.

Nun ist jedoch unverkennbar, dass in einem ersten Schritt die Verlagerung von Produktionsstätten aus der Schweiz ins Ausland im Inland zu einem Verlust an Arbeitsplätzen führt. Es fragt sich daher, ob hiermit eine Schädigung der schweizerischen Volkswirtschaft bewirkt wird, welche unter dem Aspekt der Moral zu kritisieren wäre. Indes lässt sich leicht ein schwergewichtiges Argument anführen, das allein schon die Annahme einer volkswirtschaftlichen Schädigung ausschliesst. Es ist nämlich anzuerkennen, dass die international operierenden Unternehmungen heute wohl kaum mehr auf den Weltmärkten in ausreichendem Masse konkurrenzfähig wären, hätten sie sich weitgehend auf die inländische Produktion beschränkt; der schweizerische Markt besitzt keinesfalls eine hinreichende Abnahmekapazität, und die internationale Entwicklung zeigt eindeutig in Richtung der Multinationalisierung. Zwar gehen so Arbeitsplätze in der schweizerischen verarbeitenden Industrie verloren — was jedoch angesichts des bereits strukturbedingten gewaltigen Einsatzes von Fremdarbeitern sinnvoll erscheint, da man die Arbeit zu den Menschen und nicht die Menschen zu den Arbeitsorten transportieren sollte —; jedoch ist dergestalt in der Schweiz im Rahmen einer langfristigen Umstrukturierung das Dienstleistungs-Element erheblich ausbaufähig, so dass dort in wachsendem Masse Arbeitsplätze geschaffen werden, die unabdingbar erforderlich sind, um die Auslandsaktivitäten der schweizerischen Wirtschaft zu steuern und mit der notwendigen, sie begleitenden Infrastruktur zu versehen. Von daher gesehen, können schweizerische Direktinvestitionen im Ausland nur als positiv gewürdigt werden. Dies gilt um so mehr, als es unvorstellbar erscheint, dass sich Konzerne wie Nestlé, Ciba-Geigy oder Hoffmann-La Roche, die über 95 Prozent ihrer Einnahmen im Ausland erzielen, dem weltweiten Internationalisierungsprozess entziehen könnten. Zudem bilden die Kapitalerträge, die, wie bereits erwähnt, in 1977 einen Überschuss von 6 Mrd. Franken erreichten, für ein rohstoffarmes Land, das im übrigen seit jeher zu einer defizitären Handelsbilanz neigt, ein sehr notwendiges Rückenpolster, um in Krisensituationen für eine ausgeglichene Ertragsbilanz sorgen zu können.

Die Schweiz und die Dritte Welt
Nachdem wir festgestellt haben, dass die Schweiz weltweit als Kapitalanleger eine machtvolle und dennoch hinsichtlich der Moral einwandfreie Stellung einnimmt, seien einige abschliessende Bemerkungen dem Verhältnis der Eidgenossenschaft zu den Entwicklungsländern gewidmet. Was die öffentlichen Hilfeleistungen angeht, so bleibt die

Schweiz mit einem Anteil am Bruttosozialprodukt von nur 0,19 Prozent weit hinter dem international geforderten Soll von 0,7 Prozent zurück. Dieser Makel, der der Schweiz auch immer wieder und nicht zu unrecht vorgehalten wird, erfährt jedoch einen sehr positiven Ausgleich durch den von privater Seite bewirkten Kapitaltransfer in die Dritte Welt. Nachdem der private schweizerische Kapitaltransfer noch 1970 blosse 100 Mio. Dollar betrug, hat er seitdem eine rasante Entwicklung genommen: Exportkredite, Direktinvestitionen und Anleihezeichnungen ergaben bereits 1975 ein Total von 570 Mio. Dollar, 1976 stieg er an auf 1,2 Mrd. Dollar und der Rekordwert von 1977 lautete auf 3,8 Mrd. Dollar. Damit betrug 1977 das Total der öffentlichen und privaten Beiträge an Entwicklungsländer knapp 4 Mrd. Dollar, was einem Anteil am Bruttosozialprodukt von 6,2 Prozent entspricht. Die Schweiz hat unangefochten die relative Spitzenposition übernommen, was erst recht deutlich wird, wenn daran erinnert wird, dass der internationale Soll-Standard nur 0,7 Prozent ausmacht. Die Schweiz als Kapitalanleger ist für die Dritte Welt unentbehrlich geworden, und gerade auch die multinationalen Entwicklungsorganisationen wie die Weltbank wenden sich immer wieder gern an die Schweiz, um dort über Anleihen usw. Kapital für den Einsatz in den Entwicklungsländern zu erhalten.

So dürften allein der Weltbank bis heute weit über 5 Mrd. Dollar aus der Schweiz zugeflossen sein.

Im Fazit darf festgestellt werden, dass die Schweiz als weltweiter Investor eine allseitig anerkannte und gewürdigte Rolle spielt. Sie hat bis heute die ihr übertragene Aufgabe einer internationalen Kapitaldrehscheibe mit Erfolg wahrgenommen, sich dabei ein erhebliches Machtpotential zugelegt und die Grundsätze der Moral doch nie aus den Augen verloren.

Internationale Investitionen – ein Fortschritt für den Frieden

Wir haben in einem breiten Bogen die unterschiedlichen Formen der internationalen Kapitalanlage Revue passieren lassen und uns dabei stets die Frage nach Macht und Moral im Verhalten der jeweiligen Kapitalanleger gestellt. In diesem Streifzug wurde unter anderem auch die gewichtige Rolle sichtbar, die das internationale Kapital in der Auseinandersetzung zwischen Ost und West wie auch im Nord-Süd-Dialog spielt. Beide Problemkreise sind für die Frage nach einem gesicherten und dauerhaften Frieden von entscheidender Bedeutung. Daher wollen wir zum Abschluss unserer Betrachtungen einige Überlegungen der Frage zuwenden, ob internationale Investitionen für den Frieden einen Fortschritt bewirken oder eher als Hemmnisse auf seinem Wege anzusehen sind.

In einem ersten „approach" ist festzuhalten, dass die internationale Kapitalanlage, ähnlich den internationalen Handelsbeziehungen, durch die Verknüpfungen und Abhängigkeiten, die sie zwischen den Staaten erzeugt, einen wesentlichen Beitrag zur allseitigen Integration der Weltwirtschaft leistet. Die finanzielle Durchdringung des „Systems Welt" hat zur Folge, dass sich die einzelnen Staaten ihrer jeweiligen, spezifischen Verantwortung für die Gesamtheit der Völkergemeinschaft in vermehrtem Umfange bewusst werden. Wer Kapital ausleiht, hat sich über die besondere Lage des Schuldners Rechenschaft abzulegen, und der Schuldner weiss sich in der Pflicht, das ihm zur Verfügung gestellte Kapital angemessen zu verzinsen bzw. termingerecht zurückzuzahlen.

In diesem Netz der Abhängigkeiten kommt den Direktinvestitionen – und damit gelangen wir zu einem zweiten Gesichtspunkt – vorrangige Bedeutung zu. Indem aus dem einen Land Kapital in einem anderen Land investiert wird, um dort Produktionsstätten, Vertriebsbüros usw. zu erstellen, welche wiederum im grösseren Ganzen der im

Staate der Kapitalgeber geleiteten, international orientierten Unternehmung eine wohl definierte Funktion zu erfüllen haben, werden die beteiligten Volkswirtschaften in unmerklicher Weise miteinander verknüpft. Denn mit der Durchführung von Direktinvestitionen fliesst nicht nur Kapital über die Grenzen; auch Arbeitskräfte, kulturelle Einstellungen und Know-how — technisches und solches aus dem weiten Felde des Management — werden in das Gastland eingebracht. In der Folge entwickelt sich — bei gegenläufigen Kapitalströmen — ein wechselseitiger Assimilationsprozess, der insbesondere auch das gegenseitige Verstehen und das Begreifen der nationalen Eigenheiten fördert. Dergestalt aber kommen sich die Völker näher, verwachsen sie immer mehr zu einer globalen Gemeinschaft. Dieser Prozess mit den genannten Auswirkungen wird für den Frieden zweifelsfrei als wesentlicher Fortschritt anzusehen sein; denn der Weltfriede bedarf der internationalen Solidarität, und genau diese erfährt durch Investitionen im Ausland zumindest für den wirtschaftlichen Sektor eine enorme Unterstützung.

Nun kann jedoch in den Beziehungen zwischen den Industrieländern der westlichen Welt und den weniger entwickelten Staaten Afrikas, Asiens und Lateinamerikas kein Wechselprozess gesehen werden, wie wir ihn vorstehend skizziert haben. Die Investitionen nehmen, dem Nord-Süd-Gefälle folgend, nur eine Richtung: aus den Industriestaaten in die Dritte Welt. Dieses Phänomen kann nach unserem Dafürhalten — und jetzt sprechen wir einen dritten Aspekt der vorgelegten Fragestellung an — für den angelaufenen Nord-Süd-Dialog entscheidende Bedeutung gewinnen. Die Länder der Dritten Welt sind nämlich, und zumindest über diesen Punkt sind sich alle beteiligten Parteien einig, aus eigener Kraft nicht in der Lage, zu voll in die Weltwirtschaft integrierten Partnern der westlichen Industriewelt heranzuwachsen. Genausowenig sind sie aber ohne westliche Hilfe auch in der Lage, ihre internen Probleme, die sich aus Überbevölkerung, Monokultur, rückständigen Gesellschaftsverhältnissen und mancherlei anderen Widernissen zusammensetzen, einer Lösung zuzuführen. Daher wird auch der Ruf nach Kapitalhilfe, der besonders von der sogenannten „Gruppe der 77" mit Vehemenz vorgetragen wird, verständlich. Indem nun aber westliche Direktinvestitionen in den Entwicklungsländern den Grundstein legen, damit in enger Kooperation ein gezielter Entwicklungsprozess ausgelöst wird, und dieser wiederum über den Ausbau der Infrastruktur, der auch nur mit westlicher Kapitalhilfe — durch Staaten oder über multinationale Organisationen – denkbar ist, weitere Impulse erhält, wird den Staaten der Dritten Welt eine reelle Chance geboten, aus der Unterentwicklung auszubrechen und im Weltwirtschaftssystem ihren eigenen Stellenwert zu definieren. Damit aber wandelt sich der heutige Konflikt zwischen arm und reich in eine zukünftige Partnerschaft, die für den internationalen Frieden wahrscheinlich wichtiger noch sein wird als eine Ausgleichung zwischen den Militärblöcken in Ost und West.

Doch auch im Verhältnis zwischen Ost und West gewinnen die Investitionen eine immer grössere Bedeutung. Es ist nämlich erkennbar, dass die sozialistischen Staaten den Konsumwillen ihrer Bevölkerung, der – je länger desto heftiger – zu verspüren ist, aus eigener Kraft nicht zu befriedigen vermögen. Doch auch für die Modernisierung seiner zum Teil hoffnungslos veralteten technologischen Einrichtungen ist der Osten auf das Kapital aus dem Westen angewiesen. Anderseits gewinnen östliche Energielieferungen für die rohstoffsüchtige westliche Industrie immer stärkeres Gewicht. Das Kapital, das zur Befriedigung der beiderseitigen Interessen erforderlich ist, führt auch die unterschiedlichen Systeme näher aneinander. Bereits heute sind deutliche Interdependenzen erkennbar. Je mehr aber die politischen Führungen der beiden Blöcke sich ihrer wechselseitigen wirtschaftlichen Abhängigkeit bewusst werden, um so geringer ist die Neigung zu veranschlagen, die durch Kooperation erreichte Wohlstandsmehrung leichtsinnig aufs Spiel zu setzen. Auch insoweit trägt also die internationale Kapitalanlage zur Förderung des Friedens massgeblich bei.

Schlussendlich – und damit wollen wir unsere Betrachtungen ihrem Ende zuführen – können die internationale Kapitalanlage, besonders aber die in ihrem Namen durchgeführten Investitionen in fremden Staaten nur dann die aufgezeigte positive Wirkung entfalten, wenn sie weder der Ausnützung unangemessener Macht noch der Ausübung unmoralischen Verhaltens dienen. Internationale Investitionen bringen die Völker einander näher; daher leisten sie im Grundsatz einen gewichtigen Beitrag an die Sicherung des Weltfriedens. Es liegt in der Verantwortung jedes einzelnen Kapitalanlegers, sich dieser ihm gebotenen Chance bewusst zu werden und entsprechend zu handeln. Tut er dies, so hat er die Grundidee der internationalen Kapitalanlage erkannt: den Wohlstand der Völker mehren und den Frieden sicherer machen!

Schriftenreihe Bankwirtschaftliche Forschungen

2 Aktuelle Fragen der Bankwirtschaft
Prof. Dr. Ernst Kilgus (Hrsg.)
130 Seiten, kart. Fr. 18.−/DM 20.−

3 Zeitgemässe Personalpolitik der Bankwirtschaft
Prof. Dr. Ernst Kilgus (Hrsg.)
72 Seiten, kart. Fr. 18.−/DM 20.−

4 Betriebswirtschaftliche Probleme des Bankbetriebes
Prof. Dr. Ernst Kilgus (Hrsg.)
139 Seiten, kart. Fr. 22.−/DM 24.50

5 Die Regelung des Aktienhandels durch Insider im amerikanischen Bundesrecht
Dr. Ernest Klainguti
149 Seiten, kart. Fr. 32.−/DM 35.50

6 Zum schweizerischen Anlagefondsgesetz
Prof. Dr. Peter Forstmoser
40 Seiten, kart. Fr./DM 12.−

7 Probleme der Exportfinanzierung
Aus der Sicht von Industrie, Handel und Banken. Dr. Martin Ungerer (Hrsg.)
47 Seiten, kart. Fr./DM 12.−

8 Die Schweizer Banken
Geschichte − Theorie − Statistik
Prof. Dr. Franz Ritzmann
387 Seiten, geb. Fr. 58.−/DM 64.−

9 Forfaitierungsgeschäfte im Dienste der mittelfristigen Exportfinanzierung
Dr. Balz T. Häusermann. 2. Aufl.
301 Seiten, kart. Fr. 34.−/DM 37.−

10 Das Schweizerische Bankgeheimnis
Mit Beiträgen von Dr. Beat Kleiner, Dr. Robert Hauser, Prof. Dr. Ernst Höhn
65 Seiten, kart. Fr. 18.−/DM 19.80

12 Bankmanagement in Theorie und Praxis
Mit Beiträgen von Dr. Robert Holzach, Heinz Lehner, Prof. Dr. Leo Schuster
60 Seiten, kart. Fr./DM 14.80

13 Factoring als Treuhand-, Finanzierungs- und Sicherheitsinstrument offener kurzfristiger Buchforderungen in der Schweiz
Dr. Eugen W. Peter
419 Seiten, kart. Fr. 48.−/DM 53.−

15 Der schweizerische Geldmarkt
Dr. Klaus Jenny. 2. Aufl.
300 Seiten, kart. Fr. 68.−/DM 75.−

16 Der Europäische Währungsblock aus schweizerischer Sicht
Mit Beiträgen von Prof. Dr. Franz E. Aschinger, Prof. Dr. Hans Christoph Binswanger, Dr. Hans M. Mayrzedt, Prof. Dr. Otto von Platen
89 Seiten, kart. Fr. 23.80/DM 26.80

17 Führung von Banken
Beiträge aus Wissenschaft und Praxis
Dr. Adriano Passardi (Hrsg.). 2. Aufl.
224 Seiten, kart. Fr. 38.−/DM 42.−

18 Grundlagen und Tendenzen bankbetrieblicher Ausbildung
Prof. Dr. Leo Schuster (Hrsg.)
84 Seiten, kart. Fr. 27.−/DM 29.80

19 Materialbewirtschaftung in der Grossbank
Dr. Felix Schmid
142 Seiten, kart. Fr. 28.−/DM 31.−

20 Die Handels- und Gewerbefreiheit im Bankgewerbe
Dr. Peter Heinrich
462 Seiten, kart. Fr. 48.−/DM 53.−

21 Die Bonitätsbeurteilung im Kreditgeschäft der Banken
Mit empirischen Untersuchungen im Konsum- und Kommerzkreditgeschäft über die Aussagefähigkeit von Bonitätsbeurteilungskriterien
Dr. Peter F. Weibel. 2. Aufl.
296 Seiten, kart. Fr. 48.−/DM 53.−

22 Notenbank und Wirtschaft
Gesammelte Arbeiten
Dr. Edwin Stopper
252 Seiten, kart. Fr. 38.−/DM 42.−

23 Bank Planning Models
Some Quantitative Methods Applied to Bank Planning Problems
Dr. Neil V. Sunderland. 2. Aufl.
156 Seiten, kart. Fr. 32.−/DM 35.50

24 Rechtsformen privatrechtlicher Banken
Dr. Jakob Zgraggen
272 Seiten, kart. Fr. 38.−/DM 42.−

25 Schweizer Banken in der Welt von morgen
Prof. Dr. Leo Schuster (Hrsg.)
384 Seiten, kart. Fr. 48.−/DM 54.−

Verlag Paul Haupt Bern und Stuttgart

26 **Macht und Moral der Banken**
Prof. Dr. Leo Schuster
147 Seiten, geb. Fr. 38.–/DM 42.–

27 **Grundlagen der Kosten- und Erlösrechnung im Bankbetrieb**
Die Erfolgsrechnung für Teilbereiche unter besonderer Berücksichtigung der Zurechnung von Kapitalkosten und -erlösen
Dr. Heinrich Lindenmann. 2. Aufl.
127 Seiten, kart. Fr. 28.–/DM 31.–

28 **Die Banken im Spannungsfeld wirtschaftlicher Veränderungen**
Beiträge aus der Bankpraxis
Dr. Adriano Passardi (Hrsg.)
142 Seiten, kart. Fr. 34.–/DM 37.50

29 **Revision und Sicherheit im Bankbetrieb**
Prof. Dr. Theo Keller (Hrsg.)
103 Seiten, kart. Fr. 28.–/DM 31.–

30 **Moderne Formen der Wohnbaufinanzierung aus bankwirtschaftlicher Sicht**
Dr. Jörg Neef
142 Seiten, kart. Fr. 38.–/DM 42.–

31 **Der Filialvergleich bei Banken**
Ein modernes Führungsinstrument zur Verbesserung der Produktivität
Heinz Lehner, Matthias Müller
86 Seiten, kart. Fr. 21.80/DM 24.–

32 **Indizes, Kenn- und Messziffern für kotierte Schweizeraktien**
Dr. Walter Zingg
220 Seiten, kart. Fr. 28.–/DM 31.–

33 **Die Führung autonomer Pensionskassen in bankbetrieblicher Sicht**
Dr. Ulrich Wehrli
116 Seiten, kart. Fr. 28.–/DM 31.–

34 **Finanzierungs-Leasing als Bankgeschäft**
Dr. Ernst Lienhard
196 Seiten, kart. Fr. 35.–/DM 38.50

35 **Zur Standortwahl von Investmenttrusts**
Dr. Thomas Bachmann
114 Seiten, kart. Fr. 34.–/DM 37.50

36 **Rechtsprobleme der Bankpraxis**
Prof. Dr. Peter Forstmoser (Hrsg.)
128 Seiten, kart. Fr. 28.–/DM 31.–

37 **Roll-Over-Eurokredit**
Analyse der Elemente, Technik und Probleme eines neuen Bankgeschäftes
Dr. Karl W. Preisig
258 Seiten, kart. Fr. 44.–/DM 48.–

38 **Entwicklungstendenzen im amerikanischen Bankensystem**
Dr. Florian Hew
312 Seiten, kart. Fr. 38.–/DM 42.–

39 **Verwaltete Währung**
Krise und Reform des internationalen Währungssystems unter besonderer Berücksichtigung der Entwicklungsländer
PD Dr. Antonin Wagner
262 Seiten, kart. Fr. 48.–/DM 53.–

40 **Umweltschutz und Geschäftspolitik der Banken**
Philippe de Weck
32 Seiten, kart. Fr. 6.80/DM 7.80

41 **Das Zahlungsverkehrs-System der Schweiz**
Eine Analyse der Geschichte der gegenwärtigen Struktur und der möglichen zukünftigen Entwicklung des nationalen monetären Transfersystems
Dr. Josef Marbacher
406 Seiten, kart. Fr. 65.–/DM 71.50

42 **Kontinuität im Wandel**
Reden und Aufsätze über die Bank in unserer Zeit
Felix F. Schulthess
158 Seiten, kart. Fr. 25.–/DM 27.80

43 **Grundkapital und Reserven als bankpolitisches Instrument**
Dr. Oswald Aeppli
36 Seiten, kart. Fr./DM 6.80

44 **Das Schweizerische Bankwesen**
Geschichte und Struktur
August Püntener
72 Seiten, kart. Fr. 14.80/DM 16.80

45 **Zum Instrumentarium der Schweizerischen Nationalbank**
Zur Revision des Nationalbankgesetzes
Kritische Betrachtungen
Prof. Dr. Franz Ritzmann
131 Seiten, kart. Fr. 18.–/DM 20.–

46 **Die Bankrevision in der Schweiz**
Prof. Dr. Theo Keller
60 Seiten, kart. Fr. 15.80/DM 17.50

47 **Die Bewilligung zum Geschäftsbetrieb einer nach schweizerischem Recht organisierten Bank**
Dr. Christoph M. Müller
192 Seiten, kart. Fr. 34.–/DM 37.50

Verlag Paul Haupt Bern und Stuttgart

48 **Unternehmensspiele für die Bankkaderschulung**
Möglichkeiten, Erfahrungen, Folgerungen
Dr. Rudolf Volkart
112 Seiten, kart. Fr. 22.–/DM 24.50

49 **Führungssituation und Führungsstil in Kreditinstituten**
Grundlagen und Strategie zur Durchsetzung eines sozialen Führungskonzepts
Dr. Thomas Veit
319 Seiten, kart. Fr. 43.–/DM 47.50

50 **Das schweizerische Konsumkreditgeschäft**
Sozialpolitische Aspekte der bankmässigen Konsumkreditgewährung
Dr. Lydia Saxer
235 Seiten, kart. Fr. 38.–/DM 42.–

51 **Raiffeisen – Idee und Verwirklichung**
Prof. Dr. Leo Schuster (Hrsg.)
85 Seiten, kart. Fr. 18.–/DM 20.–

52 **Zins- und Gewinnmarge im Hypothekargeschäft**
Eine empirische Berechnung der Margen bei schweizerischen Banken
Dr. Ernst Haas
96 Seiten, kart. Fr. 28.–/DM 31.–

53 **Die Grossbanken**
Eine Analyse unter den Aspekten von Macht und Recht
Prof. Dr. Ernst Kilgus
55 Seiten, kart. Fr. 14.80/DM 15.80

54 **Der kurzfristige Zielsetzungsprozess bei Banken**
Dr. Felix Zumbach
261 Seiten, kart. Fr. 38.–/DM 42.–

55 **Geld, Kredit und Banken**
Ein modernes Lehrbuch für Unterricht und Selbststudium
Prof. Dr. Hans Schmid
443 Seiten, kart. Fr. 48.–/DM 53.–

56 **Kleine und mittlere Banken im Wettbewerb**
Die Abhängigkeit des Führungsverhaltens von Betriebsgrösse und Marktvolumen
Prof. Dr. Leo Schuster
68 Seiten, kart. Fr. 16.80/DM 18.80

57 **Merchant Banks**
Dr. Hans-Peter Bauer
XX + 468 Seiten, kart. Fr. 48.–/DM 54.–

58 **Zur Methode der Leistungsmessung und -analyse beim Aktienanlagefonds**
Dr. Rudolf Sigg
350 Seiten, kart. Fr. 38.–/DM 42.–

59 **Macht und Moral der internationalen Kapitalanlager**
Prof. Dr. Leo Schuster
121 Seiten, geb. Fr. 26.–/DM 28.–

60 **Potere e morale degli investitori internazionali**
Prof. Dr. Leo Schuster
123 Seiten, geb. Fr. 26.–/DM 28.–

61 **Das Bankgebäude**
Bankbetriebliche Anliegen an Raum und Raumplanung
Dr. Markus Sulzberger
240 Seiten, kart.

62 **Die langfristige Planung von computerunterstützten Informationssystemen am Beispiel einer Handelsbank**
Dr. Hansbert Suter

63 **Optionen in Wertpapieren und Waren**
Eine Untersuchung ihrer mikro- und makroökonomischen Relevanz
Dr. Eduard Frauenfelder

Verlag Paul Haupt Bern und Stuttgart

100 EUROPEAN BANKS 1980

„EUROPEAN BANKS" ist eine Analyse der Bilanzen sowie der Gewinn- und Verlustrechnungen von 100 bedeutenden, auf internationaler Ebene tätigen Banken aus 15 europäischen Ländern.

Die Studie befasst sich im einzelnen mit der Entwicklung jeder Bank, indem die aussagefähigsten Kennziffern (in Landeswährung) für den Zeitraum der letzten fünf Jahre berechnet werden. Darüber hinaus sind die Entwicklung der Bilanzsumme, des Gewinns nach Steuern, der Produktivität und des Return on Investment während der letzten sechs Jahre dargestellt.

Der umfassende Tabellenteil erlaubt die Bestimmung der Rangfolge unter den Banken nach einer Reihe verschiedener Kriterien, wie z. B. Eigenkapitalrendite, Produktivität, ausgeschütteter Gewinn als Prozentsatz des Gewinns nach Steuern, eigene Mittel im Verhältnis zur Bilanzsumme, durchschnittlicher Personalaufwand pro Angestellten usw. Um die Auswirkungen der Inflation darzustellen, sind verschiedene Kennziffern sowohl in der entsprechenden Landeswährung als auch in Schweizerfranken berechnet worden.

„EUROPEAN BANKS" unterscheidet sich von anderen Publikationen über das internationale Bankwesen nicht nur hinsichtlich der Vielzahl der erfassten Daten, sondern auch in bezug auf die charakteristische, übersichtliche Präsentation der Ergebnisse, aufgrund der die Studie bei unserem internationalen Leserkreis breite Zustimmung und Anerkennung gefunden hat. Führende Tageszeitungen im In- und Ausland nutzen die Daten aus „EUROPEAN BANKS" als Grundlagenmaterial für ihre Berichterstattung über das europäische Bankwesen.

253 Seiten, Fr. 88.—

Verlag Paul Haupt Bern und Stuttgart

Hans Klaus: Fachausdrücke im Bankgeschäft
Italiano-Tedesco / Deutsch-Italienisch
224 Seiten, kartoniert Fr. 26.–/DM 29.–

Diese Fachwörtersammlung enthält viele Definitionen der in der heutigen Bankpraxis verwendeten Begriffe – sowohl in deutscher als auch in italienischer Sprache – sowie etliche Neuheiten und Spezialitäten, welche in der Fachliteratur noch nicht zu finden sind. Der Umgang mit diesem Lehrmittel ist abwechslungsreich und anregend, weil der Inhalt durch zahlreiche Satzbeispiele aufgelockert ist. Jede Sprache – eine Welt für sich! Deshalb habe ich nicht einfach das Rohmaterial der ersten zwei Bände: Englisch/Amerikanisch – Deutsch, und Französisch-Deutsch, auf den dritten Band übertragen, sondern den Stoff unabhängig von ihnen neu erarbeitet. Englisch oder französisch tönende Ausdrücke sind in der Regel im ersten bzw. zweiten Band der Trilogie: ,,Fachausdrücke im Bankgeschäft" zu finden. Lernen – eine lustvolle Beschäftigung! Versuchen Sie vorerst einfach, ausgerüstet mit einer positiven Einstellung zur Weiterbildung, einige Seiten durchzulesen; wissbegierig wie Sie sind, werden Sie mehr und mehr Fachausdrücke kennen wollen. Reizend kann sich auch die Jagd nach fehlenden Stichwörtern gestalten; für Ergänzungen sind eigens leere Seiten eingefügt.

Vom gleichen Autor erschienen:
Französische Fachausdrücke im Bankgeschäft
Französisch-Deutsch/Deutsch-Französisch
248 Seiten, kart. Fr. 26.–/DM 29.–

Englisch-amerikanische Fachausdrücke im Bankgeschäft
Englisch-Deutsch/Deutsch-Englisch
4. Auflage. 240 Seiten, kart. Fr. 26.–/DM 29.–

Verlag Paul Haupt Bern und Stuttgart